中国古代教育智慧
ZHONGGUOGUDAIJIAOYUZHIHUI

师说童心说
的教育智慧

张蕾 著

中国商业出版社

图书在版编目（CIP）数据

师说、童心说的教育智慧/张蕾著. -- 北京：中国商业出版社，2018.5
　ISBN 978-7-5208-0383-0

　Ⅰ.①师… Ⅱ.①张… Ⅲ.①教育思想—研究—中国—古代 Ⅳ.① G40-092.2

中国版本图书馆 CIP 数据核字（2018）第 116944 号

责任编辑：王彦

中 国 商 业 出 版 社 出 版 发 行
010-63033100　www.c-cbook.com
（100053 北京广安门内报国寺 1 号）
新华书店经销
天津兴湘印务有限公司
* * * * *
710 毫米 ×1000 毫米　1/16 开　11 印张　125 千字
2018 年 8 月第 1 版　2018 年 8 月第 1 次印刷

定价：35.00 元
* * * * *
（如有印装质量问题可更换）

目 录

《师　说》

第一部分　韩愈的教育思想 ………………………… 3
　一、韩愈生平简介 ………………………………… 5
　二、韩愈的教育思想 ……………………………… 11
　　（一）教育目的 ………………………………… 14
　　（二）教育作用 ………………………………… 16
　　（三）教育方法 ………………………………… 17
　　（四）培养人才 ………………………………… 20
　　（五）教学经验 ………………………………… 21

第二部分　《师说》的教育智慧 …………………… 25
　一、教师的任务 …………………………………… 32
　二、教师的标准 …………………………………… 33
　三、教师的作用 …………………………………… 34
　四、师生关系 ……………………………………… 35

第三部分　《师说》释读 …………………………… 39

《童心说》

第一部分　李贽的教育思想 …… 79
一、李贽生平简介 …… 81
二、李贽的教育思想 …… 91

第二部分　《童心说》的教育智慧 …… 109
一、教育内容 …… 114
（一）童心与私心 …… 114
（二）强调私心 …… 116
（三）童心与真情 …… 117
二、教育理念 …… 120
（一）对道心的超越 …… 120
（二）对伦理的超越 …… 121

第三部分　《童心说》释读 …… 129

附录一：古代科举制度名词 …… 154
附录二：名言集萃 …… 163

《师说》

第一部分 韩愈的教育思想

一、韩愈生平简介

韩愈(768年—824年),字退之,祖籍河南河阳(今河南省孟州市),郡望为昌黎,常自称为"昌黎韩愈",后人也称韩昌黎。因晚年曾任吏部侍郎,又称韩吏部,死后谥号"文",所以人们尊称他为韩文公。著作有《韩昌黎集》。

唐代宗大历三年(768年),韩愈出生在一个中下级的官僚家庭。在他还不到两个月的时候,母亲便去世了,三岁时,父亲也去世了,所以他在兄嫂身边长大。叔父云卿、兄长韩会都是倾向于儒家复古运动的人物,这对韩愈后期倡导古文运动有一定的影响。韩愈七岁开始读书,十二岁时,因长兄韩会被贬为韶州刺史,就随兄嫂来到岭南。不久,韩会病死,韩愈又只好随嫂子回到河阳。家庭的不幸,促使韩愈更加刻苦努力地学习。十三岁时,韩愈便能写文章,曾拜师于当时的名人独孤及、梁肃。韩愈擅长古训,潜心研究经史百家,由此萌发发扬儒道、倡导古文的念头。

唐贞元二年(786年),韩愈十九岁,怀着入仕的态度进京参加进士考试。一连三次都失败了,直到贞元八年(792年)第四次参加进士考试才考取。按照唐朝的考试制度,考取进士以后还必须参加吏部博学宏辞科的考试。韩愈三次参加吏选,均失败;三个月之内三次给宰相

韩愈

中国古代教育智慧

韩愈

上书，没有一回得到答复；三次登门拜访有权贵的人，都被拒之门外。于是他离开京师，到地方任佐吏。

贞元十二年（796年）七月，韩愈二十九岁，经过董晋的推荐，出任宣武军节度使观察推官，由此韩愈开始了政治生涯。韩愈在任官的三年中，除了指导李翱、张籍等青年学习外，还利用一切机会宣传自己对散文革新的主张。

贞元十六年（800年）冬，韩愈第四次参加吏部考试，第二年（801年）通过铨选。这时期写的《答李翊书》，阐述自己把古文运动和儒学复古运动紧密结合在一起的主张，是韩愈发起开展古文运动的代表作。同年秋末，韩愈三十四岁，被任命为国子监四门博士，这是韩愈进入京师政府机构任职的开端。任职期间，他积极推荐文学青年，敢为人师，广授门徒。

贞元十九年（803年），韩愈写了名作《师说》，这是韩愈系统提出师道理论的著作。

贞元十九年冬，韩愈晋升为监察御史。在任不到两个月，出于体恤民情，他向朝廷上书《论天旱人饥状》，但却遭到了权臣的谗害，被贬职为连州的阳山令。韩愈任职阳山令的三年中，深入民间，参加山民耕作和渔猎活动，爱民惠政，德礼文并治。《新唐书·韩愈传》记载："有爱于民，民生子以其姓字之。"在这个时候，也有一大批青年慕名投奔到韩愈的门下，一同吟诗论道。韩愈作的诗文也比较多，如今看到的《昌黎文集》有古诗二十多首，散文数篇，都出自这段时期。值得一提的是，从这时开始，韩愈构思并著述《原道》等篇章，这就是韩学的重要论述"五原"学说，它代表着新儒学的先声和理论，在唐宋时期产生了巨大的影响。

贞元二十一年（805年）夏秋之间，韩愈离开阳山，任汀陵（今湖北汀陵）法曹参军。

元和元年（806年）六月，韩愈被召回长安，授官职权知国子博士。元和三年（808年），韩愈调职为真博士。元和四年（809年），韩愈升为都官员外郎分司东都兼判祠部。同年冬，又被降职为河南令，以后相继任职方员外郎、国子博士。

元和八年（813年），晋升为比部（属尚书省刑部）郎中，史馆修撰，并完成史书《顺宗实录》的编写。

元和九年（814年），韩愈任职为考功郎中知制诰，第二年晋升为中书舍人。元和十二年（817年），协助宰相裴度，以行军司马的身份，平定了淮西叛乱，因立了军功，晋升为刑部侍郎。

元和十四年（819年），宪宗皇帝派遣使者去凤翔迎接佛骨，京城一时间掀起了信佛的狂潮。韩愈不顾个人安危，毅然上书《论佛骨表》，痛斥了当时佛教盛行的恶端，要求将佛骨"投诸水火，永绝根本，断天下之疑，绝后代之惑"。宪宗皇帝看完奏表，十分生气，准

科举制度

中国科举制度是中国历史上的考试选拔官员的一种基本制度。它起源于汉朝，创始于隋朝，确立于唐朝，完备于宋朝，兴盛于明、清两朝，在清末被废除，历经隋、唐、宋、元、明、清。根据史书记载，从隋朝大业元年（605年）的进士科开始到光绪三十一年（1905年）正式废除，整整存在了一千三百年。

在漫长的科举考试中，产生七百多名状元、近十一万名进士、数百万名举人（至于秀才就更不计其数了）。隋唐以后，几乎每一位知识分子都与科举考试有着密不可分的关系，从未参加过科举考试的是极少数。中国历史上，善于治安邦的名臣、名相，有杰出贡献的政治家、思想家、文学家、艺术家、科学家、外交家、军事家等，大都出自状元、进士和举人。

中国古代教育智慧

韩愈

备对他处以极刑，幸亏宰相裴度和朝中大臣的极力说情，韩愈才幸免一死，最后被贬为潮州刑史。韩愈任潮州刑史八个月，这一段时间的表现概括来说是：驱杀鳄鱼，为民除害；聘请教师，兴办乡校；体恤民情，释放奴隶；兴修水利，排涝灌溉。千百年来，潮州发展成具有地域文化特色的礼仪之邦和文化名城，这与韩愈在潮州任职有一定的影响。

元和十五年（820年）九月，韩愈被调为国子祭酒。

长庆元年（821年）七月，韩愈转任兵部侍郎。第二年，他单身匹马奉命到镇州安抚杀害成德节度使田弘正，并与中央为敌的王庭凑乱军，史称"勇夺三军帅"。韩愈未耗费一兵一卒，化干戈为玉帛，平息了镇州之乱。九月，转任吏部侍郎。

长庆三年（823年）六月，韩愈晋升为京兆尹兼御史大夫。在韩愈的整治下，京兆社会安定，米价平稳。后来他相继调任为兵部侍郎、吏部侍郎。

长庆四年（824年），韩愈患重病，十二月二日，病逝于长安，终年五十七岁。

韩愈生活在中唐时期的几十年，藩镇割据

和政治腐朽的局面到了无法挽救的地步，加上佛、道二教的盛行，大量僧侣、道士已形成一种特殊的势力，他们"不耕而食，不织而衣"，一些人在寺院、道院庇护下逃避赋税，国家收入减少，劳动人民的负担加重，导致社会矛盾更加尖锐。

佛教虽有麻痹人民革命意志的作用，有利于封建统治阶级，但它不侍奉君主，不负担赋税，直接触犯封建统治阶级的利益，因此与统治阶级的利益是矛盾的。韩愈深通儒经，为维护统治阶级利益，他反对佛教，主张发扬儒家的道统是有其社会历史根源的。

纵观韩愈一生，其业绩最大的是文学方面，他是唐代古文运动开宗立派的主帅、唐宋八大家之首。宋代大文豪苏东坡尊仰韩愈为中国文坛之"泰山""北斗""百代文宗"。

韩愈是唐代的大文学家、大思想家、大教育家，阳山这个边远小县城也因为韩愈曾经任职而被世人所瞩目，韩愈也从任阳山令开始，走向了人生的辉煌。唐代文学学会韩愈研究会会长张清华先生说得好："韩愈改变了阳山，阳山造就了韩愈。"

韩愈一生从事时间最长、著作论述最为完

苏轼

苏轼（1037年—1101年），字子瞻，又字和仲，号东坡居士，谥号文忠。眉州眉山（即今四川眉山）人，是苏洵的第五个儿子，北宋著名文学家、书画家、散文家、诗人、词人，豪放派词人代表，唐宋八大家之一。

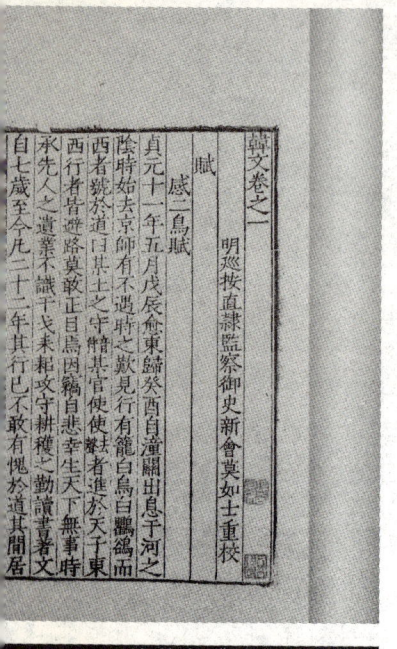

线装书《韩愈文集》

备的是教育。不管职位怎样变化，他都积极鼓励后代，提携青年学子。盛唐时期，文人雅士数不胜数，唯独韩愈的学问能够流传光大，这种"韩学现象"，在中国古代文化史中是一枝独秀的奇特景观。

韩愈孜孜以求的是复兴儒学。面对唐代佛、道二教的兴盛，他深感儒家道统的重任，著述"五原"学说，系统阐述了道统，积极改造儒学，为宋明新儒学的建立奠定了理论基础，这是韩愈在思想史上的又一建树。

二、韩愈的教育思想

韩愈的一生,曾从事过不少工作,在政治方面有比较突出的贡献,这为他教育思想的树立打下了坚定的理论基础。

《韩愈全集校注》

首先,韩愈提出反道兴儒,反道兴儒是当时巩固中央集权的政治要求。韩愈生活在"安史之乱"后的中唐时期,他一生经历了代、德、顺、宪、穆宗五个皇帝的执政年代。这个时期的主要社会矛盾是中央集权和藩镇割据的地方势力之间的矛盾。统治阶级意识到,大力提高儒家思想的正统地位,才能形成适合封建统治阶级要求的意识形态,巩固其统治地位。韩愈自幼学习六经、百家,《旧唐书·韩愈传》记载:"愈自以孤子,幼刻苦学儒……"《答李翊书》说:"始者,非三代两汉之书不敢观,非圣人之志不敢存。"充分说明了韩愈的世界观就是从小在儒家学说的熏陶下形成的,他是孔孟之道的忠实信徒。欧阳修说:"韩氏之文之道万世所共尊,天下所共传而有也。"苏轼评价韩氏:"文起八代之衰,道济天下之溺""浩然而独存"。韩愈自认为在"抵排异端,攘斥佛老"、复兴儒学方面有"回狂澜于既倒"的功劳。

韩愈的主要政治思想就是恢复儒家道统,他所说的道统就是历代相传的孔孟之道。他主张施行"仁政",反对官吏横征暴敛,要求朝

韩愈授书处

廷宽免赋税徭役，关心民间疾苦。强调"三纲五常"，用儒家经典《诗》《书》《易》《礼》《春秋》等教育人民。他反对佛教的目的是为了提倡儒家的正统思想，这在当时有维护国家统一的意义，客观上有其进步的一面。但他继承了董仲舒的"性三品"说，宣扬君权至上，强调封建等级制度，认为这种制度是与生俱来、不可改变的。他说："是故君者，出令者也；臣者，行君之令而致之民者也；民者，出粟麻丝作器皿通货财以事其上者也。君不出令，则失其所以为君；臣不行君之令而致之民，则失其所以为臣；民不出粟麻丝作器皿通货财以事其上，则诛。"这段话是他对儒家政治核心思想的概括。

他的许多政治思想都反映在他所写的一系列文章中，如《原道》《原性》《原人》《谈苟》《谈墨子》《远浮屠文畅师序》《州孔子庙碑》等，这些文章都表达了他忠君、清政、兼礼法、重传统的一整套新儒学思想，包含了他的教育思想的政治理论基础和具体内容。他的反佛斗争中的批判精神，对当时的教育有积极的影响。

其次，韩愈提倡古文运动，提倡古文运动是为了"文以载道"。古文运动与复兴儒学

师说、童心说的教育智慧

的目标是一致的，对我国古代教育有较好的影响。它在意识形态方面主张儒家思想，在文体上排斥自魏晋以来盛行的脱离实际的陈词滥调，给古代教育教学工作树立了良好的学风。古文运动名义上是复古，实际上是革新。

以上两项就是韩愈提倡的教育教学活动。韩愈在古文运动中敢为人师，注重师道，传道授业，提携后辈，在我国古代教育中有着很好的影响，对优良教育传统的形成起着积极的作用。

韩愈在教育教学活动中除亲自执教以外，还表现在对科举制度和传统教育的批判上，并提出了一些很有价值的观点，指出当时科举制度的流弊是"有司者，好恶出于真心"。他认为靠科举考试是选不到人才的。同时他还很有见地地提出了识别人才、培养人才的学说，比如他在《杂说四·马说》一文中提出了"世有伯乐，然后有千里马；千里马常有，而伯乐不常有"的观点。他认为人才总是有的，关键在于能否加以识别和扶持，只要善于鉴别又培养得当，人才就会大量涌现。

韩愈对当时的学校教育提出了批评。他在做四门博士时，请求恢复国子监生徒，要用学校培养人才；做国子博士时，作《师说》《进学解》倡导尊师重道，为年轻人指出成才之路；做国子祭酒时，要求严格筛选儒生为学官整顿国学；作《子产不毁乡学颂》，批评当时不重视地方教育的现象，歌颂郑子产的

韩柳诗选

中国古代教育智慧

韩陵（河南焦作）

"不毁乡学"。韩愈特别重视地方教育，在潮州做刺史时，拿出自己的薪俸兴办州学，发展地方教育。

韩愈的教育思想大体可以归纳为以下几个方面：为实现"古道"而提出的教育目的的学说；与他的人性论观点相联系的关于教育作用的学说；尊师重道的"师说"；在《进学解》中及其长期教育实践活动中概括出来的关于教学思想方面的理论。

（一）教育目的

教育目的主要指培养目标，即人才的规格。教育家的政治主张规定着培养人才的标准和要求，政治主张往往就是他的教育目的。

韩愈的政治主张就是儒家的仁义之道以及"三纲""六纪"之说，他对人才的要求是：忠君、清政、兼理法、继传统。为此，韩愈阐发了《大学》中的"修齐治平"观点，进一步将培养目标标准化。《大学》是《礼记》中的一篇，自韩愈起，《大学》的地位被提高了。韩愈在《原道》里引用了《大学》里的一段重要的话："古之欲明明德于天下者，先治其国；欲治其国者，先齐其家；欲齐其家者，先修其身；欲修其身者，先正其心；欲正其心，先诚其意。"然则，"古之所谓正心而诚其意者，将以有为也"，这段话的意思是将修心养性看成是万事的根本，强调"诚意"

书法：业精于勤

"正心"的目的是齐家治国平天下。

韩愈所说的"清政"，是指为官要廉洁，政治要清明，要能除弊抑暴，目的是巩固封建国家的政权。

关于兼礼法，这里的"礼"指的是封建等级制度。"仁"与"礼"是儒家思想中相辅相成、互为一体的两个方面。韩愈将礼、乐、刑、政并提，作为治国之方。他擅长"六经"，又通晓百家，是文人，又是官僚，修治文事兼军事，因此，在治国问题上，他主张儒经与法律兼顾，刑政与教化并重。

礼乐是指思想文化、行为举止方面，刑政是指政治法律方面，两者不可或缺。

韩愈说的"传统"就是儒家的"道"，也就是体现"三纲""六纪"的封建等级制度、伦理道德和行为礼仪。

在上述各种标准中，"忠君"是核心内容，清政、兼礼法、重传统都是培养忠君、实践忠君思想的必然要求，儒生具备了这些品德，就可齐家治国平天下了。

按照教育目的的要求，教育内容基本上是

中国古代教育智慧

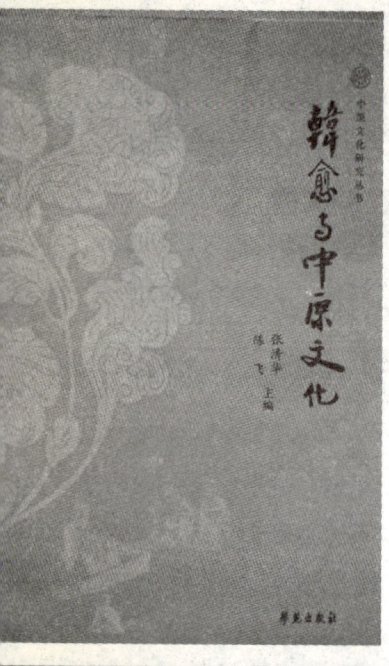

研究韩愈的著作

思想品德教育：一是道德教育，包括仁、义、道、德的整套儒家论理；二是知识教育，包括《书》《易》《春秋》；三是政治教育，包括礼、乐、刑、政。

（二）教育作用

这里所说的教育作用是指教育在人性上的作用。我国古代教育家、思想家都要谈论关于人性的问题，就儒家而言，在韩愈之前就有"性善""性恶""性三品"等学说。他们谈论"人性"的目的是为了说明统治阶级都是受命于天，生来就是"治人者"，劳苦大众生来就是"愚"的、"恶"的，是"治于人者"。

韩愈推崇"性三品"论。他写了《原性》一文，表达了他人性论的基本观点。他认为人性是先天的，人性具有"仁、义、礼、智、信"等道德品质；"性"分上、中、下三品。上品的人"善焉"，中品的人"可导而上下也"，而下品的人则是"恶焉"。他认为人性之外还有情，情是"接于物而生的"，情包括"喜、怒、哀、惧、爱、恶、欲"七种。情也是分上、中、下三品的，他认为具有上品性的人，七情的表现都能"适中"；具有中品性的人，要求七情适中，但往往"有所甚""有所亡"，也就是过与不及，而不能恰如其分；具有下品性的人，"直情而行"，毫不控制。

韩愈认为，"三品"的人，都固定在天生

的"品"的界限内,是"不移"的,不能互相转化。在"品"的内部,可用教化和刑罚,使人发生一定的改变。而教育的作用,就是在既定的品格之内使人性移动。韩愈的"性三品"说,坚持上下品不能移动,教育的作用必然要受到很大的局限。但是,他提出的"性情"之说,对宋明理学是有很大的影响。

韩愈字(碑刻)

(三)教学方法

韩愈自身勤奋求学,学识渊博,也乐于教书育人。用现在的话说,曾做过大学教授,招收了很多学生,是当时大批青年的导师。所以,在自学和教学方面均有相当丰富的经验和卓越的见解。

在《师说》中,关于教师职责、师生关系的论述,已经是教学客观规律的很有价值的概括了。关于学生如何"进学"的问题,韩愈在《进学解》中提出的第一句名言就是:"业精于勤,荒于嬉;行成于思,毁于随。"这是他治学多年宝贵经验的结晶,也是他对先人治学经验的总结。在这里他要求学生在业务方面要"精",在德行方面要"成",而达到精和成的唯一方法,就是"勤"和"思"。他所说的"勤",表现为口勤(多吟诵),手勤(多翻阅),脑勤(多思考、多体会),日以继夜地学习。他说:"口不绝吟于六艺之文,手不

中国古代教育智慧

《韩愈全集校注》

停批百家之编……焚膏油以继晷,恒兀兀以穷年。"意思是人要不停地吟诵百家六经文章,不停手翻阅诸子百家的篇籍,点上灯来接续日光,勤奋学习,长年不懈;反之,如果嬉游终日,不勤奋用功,那么学业就会荒废,如果随随便便,不认真思考,那么德行就会毁堕。这些虽然都是平凡的道理,但它却是学习成败的规律。韩愈用明确、形象的语言把学习的方法固定下来,对后来人们的学习和思想修养,起了极为有益的影响,成为许多后人的座右铭。自古以来,在学业上有成就的人都离不开勤奋和独到。韩愈在文学方面高深的造诣就是靠这两条得来的。

韩愈在教学实践中领悟到了博与精的辩证关系。博与精是对立的统一,没有博,就不可能有精;没有精,博也只不过是一种大杂烩。韩愈一方面强调博学,提出"贪多务得,细大不捐""俱收并吉,待用无遗",即永不满足地追求而又力图有所收获,重大的细微的都不放过,需要用的全都不遗漏地去学习。另一方面,韩愈又要求精约,提出"提其要""钩其玄",就是说,教学时要提出纲要,让学生把握住要点,引导学生探索其精微之处,融会贯通,领会其精神实质。

韩愈还提出教学要注意系统性,他反对"学虽勤而不语(由)其统,言虽多而不要其中"。所谓"不由其统",就是不从系统方面着手,只是掌握一些支离破碎的知识,这样的的知识是没有什么用处的。所谓"不要其中大",是指讲得虽然多,但不能抓住问题的关键所在,不能切中要害,这样的教学对学生也是无益的,所以,教学时既要注意系统性,又要讲出关键之处,这就要求教师深入钻研教材。他提出"沉浸浓郁,含英咀华",深入钻研并沉浸在典籍浓厚馥郁的香气中,细细地咀嚼与体味着其中的精华,这样才能提高教学质量,取得良好的教学效果。

韩愈还要求把学习与独创结合起来,认为"师古圣贤人",要"师其意不师其辞",以古人为师,不必拘泥于章句文辞,而是要学习古人文章中的思想、方法,如果只会背诵、模仿"古圣贤人"的陈词滥调,那么到头来只不过是一个"剽贼"罢了,所谓"降而不能乃剽贼"。他赞成汲取前人的优秀成果,又反对沿袭剽窃,主张把学习与独创结合起来,他不赞成"踵常途之促促,窥陈编以盗窃",那种谨小慎微地追随世俗,没有创见地抄袭窃取一些陈旧书籍是没有出息的。他赞成要有自己的真知灼见,"抒意立言,自成一家新语",并且能"闳其中而肆其外",学问博大精深,形式丰富多彩,风格雄浑豪放,他鼓励创造性人才,"能者非他,能自树立,不因循者是也"。韩愈在文学上的高深造诣,能够造语生新,独具风格,自成一家,就在于他能很好地把学习与独创结合起来。

韩愈提出的"业精于勤""提要钩

宋人著《韩愈年谱》

玄""含英咀华""由统要中""师素不师辞"以及"闳中肆外"等教学与学习方法，符合教学与学习规律的正确见解，可以作为我们教学的参考。

（四）培养人才

韩愈认为，人才总是有的，关键在于能否加以识别和扶持。他在《杂说四·说马》一文里，用识马的道理表明识别人才的重要。他说："世有伯乐，然后有千里马。千里马常有，而伯乐不常有。"这说明先有识马的人，才会发现千里马，没有识马的人只有千里马，最终千里马也要被埋没了。"虽有名马"，而"不以千里称也"，人们认识不到它是千里马，所以就不会以饲养千里马的方式饲养马。"马也，虽有千里之能"，但待遇不平等，不能满足它起码的生活要求，就不能发挥出它的才能，"食不饱，力不足，材美不外见"，把千里马等同于平常马的待遇，又怎么要求它日行千里呢？韩愈嘲笑那种不识人才的人，"策之不以其道，食之不能尽其材，鸣（之）而不能通其意"，驱策、饲养都没有采用正确的方法，听到马的嘶鸣也不能了解它的意愿，反而"执策而临之曰：'天下无马'！"表现出了不识马的人的熟视无睹而又傲然自得的神态。"其真无马邪？其真不知马也。"世上不是没有良马，而是"不常有"识马者。他认为只有善于鉴别而又培养得当，人才才会大量涌现。

韩愈这种识别人才与培养人才、使用人才

奔马图

的思想，是孔子"举贤""尚贤"思想的新发展，也是对封建贵族那种选人唯贵、用人为亲腐朽思想进行有力的批判。封建社会统治阶级浪费人才、摧残践踏人才的现象十分严重。韩愈四次参加礼部考试，三次参加吏部考试，十年里过着犹如平民的生活，才高受屈，几经贬谪，对于人才问题有着真切的感受。他说，"大凡物不得其平则鸣"，《说马》就是他结合自己早期不得志的遭遇，为广大中下层知识分子及一切有才能的人不能得到赏识所作的"不平之鸣"，这在中国古代教育思想史上是很有价值的。

陶渊明诗意画

（五）教学经验

首先，韩愈重视因材施教。这一观点是建立在"不同的人才具备不相同的才能"这一人才观之上的。他认为人的能力、特点是不相同的，因而教学时要根据学生的具体情况加以对待。他以工匠使用木材为例来说明了这一观点，最重要的是他还进一步把因材施教与因才使用紧密地结合起来。这一教学经验至今仍为广大的教育工作者普遍认同，并被他们进一步运用于实际的教学中。

其次，韩愈在教学方法上注重生动活泼。他说："讲评孜孜，以磨诸生，恐不完美，游以恢笑啸歌，使皆醉义忘归。"教学是一种感情艺术，因而教学语言的生动性与教学的严肃性并不是对立的。对其学生张籍对他这一问题的批评，他曾经这样辩解道："驳杂之讥，前

中国古代教育智慧

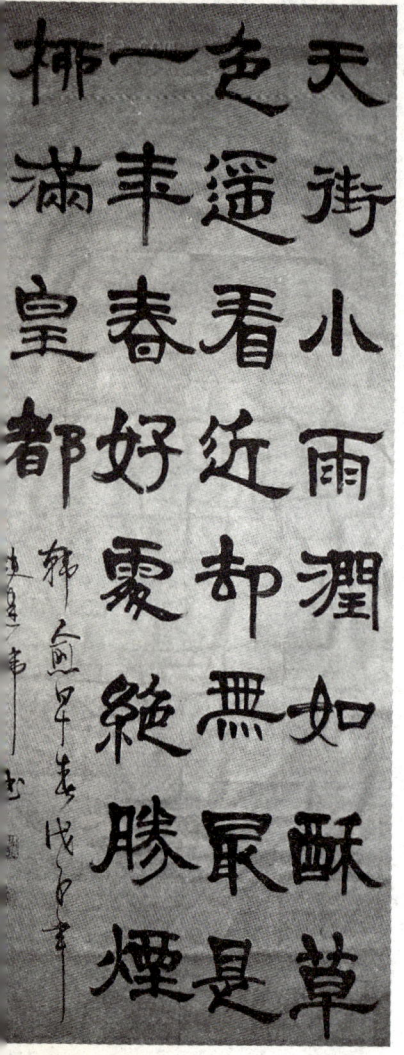

韩愈诗：《早春》

书尽之吾子复之，昔夫子犹有所戏。《诗》不云乎：善戏谑兮，不为虐兮。《记》曰：张而不弛，文武不能也。恶害于道哉？吾子其未之思乎！"教学的生动性并不影响教学内容的思想性，这是他积累多年教学经验得出的精辟论断。试想一个对教育、对学生漠不关心的人，是不可能去想如何使课堂活跃起来这一类问题的。他能实现教学活动生动活泼、不拘俗套的原因正是在于他能"抗颜为师""以师自任"及对教育事业充满了深厚感情。

另外，在写作教学方面，韩愈也十分有见地。他从"文以载道"的观点出发，主张"以道弘文"。他认为文是手段，道是目的，文是形式，道是内容，文是为道服务的。他认为"道盛则气盛，气盛则文昌，文以贯道，文以明道，文以载道"。他还认为写文章要奇雄简约，浩浩荡荡，形成一种势不可当之势。因而他的文章能自成体系，形成所谓"韩文"派，对后世的文学发展影响深远。

总之，韩愈是一个有远大抱负的文人。他的一生始终以天下为己任，始终奉行"达则兼济天下"，似乎从来也没有甘心"穷则独善其身"。所以，他虽然遭到被贬为山阳令和潮州刺史等几次重大打击，但没有灰心丧气，没有丧失远大的报国志向，仍然关注人民的疾苦。他既有非常伟大的超乎常人的一面，又有"敢于为天下先，敢于言常人所不敢言"的顶天立地的大丈夫的伟岸气节，例如"谏迎佛骨"

以及说服王庭凑的事迹，都成为彪炳史册的千秋伟业。韩愈一生为实现自己的理想而奋斗，这种精神是他留给后人的一份宝贵精神财富。韩愈的政治品德，是儒家师徒的基本内容，使其成为一代师表。他在文学和哲学上的成就及才华使他的教育思想大放异彩，开启了宋明理学的先锋。

综上所述，韩愈的教育思想流传至今仍具有旺盛的生命力，值得我们深入学习、认真研讨与大胆借鉴。现代教育是指以培养现代社会所需要的现代人为宗旨的教育，它的目标凸显出素质教育、通才教育、创造教育、个性教育等特征，这同时也对教育工作者提出了更高的要求。为此，只有大胆地借鉴古今中外先进的教学理念与教学方法，才能应对现代教育的新挑战。韩愈的教育思想中有许多教育理念和教育方法是与现代教育目标相契合的，因此我们研究其教育思想的目的就在于要找出这些契合之处，使韩愈的教学思想能为我们所用，为现代教育服务。

> **《进学解》选**
> 国子先生晨入太学，召诸生立馆下，诲之曰："业精于勤，荒于嬉。行成于思，毁于随。方今圣贤相逢，治具毕张。拔去凶邪，登崇俊良。占小善者率以录，名一艺者无不庸。爬罗剔抉，刮垢磨光。盖有幸而获选，孰云多而不扬？诸生业患不能精，无患有司之不明。行患不能成，无患有司之不公。"

第二部分 《师说》的教育智慧

师说、童心说的教育智慧

概　说

韩愈作《师说》的时候，一般认为是在唐德宗贞元十八年（803年），这大致是可信的。这年韩愈三十五岁，刚由洛阳闲居任职为国子监四门学博士，这是一个从七品的学官，他所提倡和不断实践的古文运动在那一两年内正走出少数爱好者的范围圈，形成一场广泛性的运动，韩愈俨然成为这场运动的年轻领袖。他用古文来宣传他的主张，维护先秦儒家的思想，反对当代特别盛行的佛老思想；提倡先秦两汉的古文，反对"俗下文字"（即魏晋以来"饰其辞而遗其意"的骈文），这些都是古文运动的内容。这场运动之所以逐渐形成于唐德宗统治的后期，是有现实的社会条件的，它为维护唐王朝的统一、反对藩镇割据的政治目的服务。而除了军阀、大地主以外，这正反映了当时广大社会阶层现实利益的要求。

韩愈的积极努力，对这场运动的形成与开展起了促进作用。就古文来说，他不仅自己刻苦努力，从理论到实践，做出了优秀的成绩，更重要的是，他不顾流俗的讥笑，努力提倡古文运动，特别表现在给青年们热情的鼓励和指导上。《师说》正是在这种情况下写成的一篇具有进步意义和解放精神的文章。

韩愈不断同青年后学交往，这是魏晋以后所没有的现象，当然也引来人们好奇的目光，

韩愈

中国古代教育智慧

韩愈

甚至纷纷议论和责难。向韩愈投书请教的青年便很自然地被视为韩门弟子,因而韩愈"好为人师"的古怪面貌也就非常突出了。但韩愈是很自信的,不管人们怎样诽谤,他依然大胆地回复青年们的来信。在《答胡生书》中,他说:"夫别是非,分贤与不肖,公卿贵位者之任也,愈不敢有意于是。如生之徒,于我厚者,知其贤,时或道之,于生未有益也。不知者乃用是为谤!不敢自爱,惧生之无益而有伤也,如之何?"他对那些恶意中伤的诽谤表示愤慨,也为向他请教的青年担忧。《师说》的最后一段,声明写作的由来,说这是为了一个"好古文""能行古道"而跟他学习的青年李蟠而作的。实际上他是借此给那些诽谤者一个公开的答复和严正的驳斥,有的放矢。

《师说》不仅严正地驳斥了那些愚蠢的诽谤者,更可贵的是提出了三个崭新、进步的"师道"思想:老师是"传道授业解惑"的人;人人都可以为师,只要具有那样的能力;师和弟子的关系是相对的,谁某一方面比我好,在这一方面他就是我的老师。这些思想把老师

师说、童心说的教育智慧

的神秘性、权威性、封建性大大地降低了；把老师和弟子的关系合理化、平等化了，把师法或家法的保守的壁垒打破了。这些思想是和他后来发展的"道统"思想相矛盾的，这些思想是具有解放精神，具有深刻的人民性的思想。这是唐德宗时代在相对的稳定局面之下，城市繁荣、商业经济发展的反映。

因此，可以想象，这篇《师说》的传播，鼓舞和吸引了更多的青年后生，也因此招致了更多顽固"士大夫之族"的反对。实际上，韩愈也的确因此而更难做官，不断地遭到当权者的排挤。柳宗元在《答韦中立论师道书》中说："今之世不闻有师，有辄哗笑之以为狂人。独韩愈奋不顾流俗，犯笑侮，收召后学，作《师说》，因抗颜而为师。世果群怪聚骂，指目牵引，而增与为言辞。愈以是得狂名。居长安，炊不暇熟，又挈挈而东，如是者数矣。"（当今之世，便不曾听说有谁要做别人的老师，有这种想法，人们便总是七嘴八舌地嘲笑他，认为他是个狂人。只有韩愈不顾流俗，顶着世俗的嘲笑和侮辱，收招后辈学生，还写了《师说》这篇文章，并态度端正地做别人的老师。世俗之人果然群聚而以为怪事，纷纷咒骂，添油加醋地污蔑诽谤。韩愈因此而得到了"狂"的名声，居住在长安城中，连饭都来不及做熟，便急切地避开别人的诽谤而东去任洛阳令了，像这样的情形，已经发生不止一次了。）

柳宗元

柳宗元（773年—819年），字子厚，祖籍河东（今山西永济）人，唐代文学家、哲学家、散文家，与韩愈、欧阳修、苏洵、苏轼、苏辙、王安石、曾巩被合称为唐宋八大家。因与韩愈共同倡导唐代古文运动，并称韩柳，世称柳河东或柳州。柳宗元一生留诗文作品达六百余篇，骈文近百篇，哲学著作有《天说》《天时》《封建论》等，其作品由唐代刘禹锡保存下来并编撰成集，有《柳河东集》。

中国古代教育智慧

柳宗元塑像

贞元十九年（804年），韩愈在监察御史的职位，第一次被当权的官僚集团赶出长安贬到阳山（今广东阳山县），就是在作《师说》一年后。他这次被贬的原因，照柳宗元所说，与这篇《师说》有关，因为他"狂名"更大，为更多的顽固派所疾恶，更容易遭到莫名的排挤。然而韩愈在鼓励后生这一点上，态度始终不变，只是到了元和以后，声势没有在贞元末年那么大了。到了宋代，有人为韩愈辩解，说他"非好为人师者也"，这是说，由于学者归附，韩愈是不得已而"作之师"的。又有人以为韩愈"作《师说》，盖以师道自任"，但充其量不过"以传道授业解惑为事，则世俗训导之师，口耳之学耳"，这是指韩愈把师的封建作用大大地削弱了，可见这篇《师说》的解放精神是不容易为一般封建士大夫所接受的，因此，它在当时产生两种截然相反的反应也就不难理解了。

不管怎样，韩愈继承并发扬了儒家重视教育的传统，不论担任教职还是地方官，他都十分重视教育，做了许多发展教育的工作，直接或间接地培养出了一批人才。他一生都在提倡古文运动，强调"文以载道"，在他写的文章中有不少关于教育的观点，有的直接谈教育，如《师说》《进学解》以及一些答学生的书信等文章，也有的用寓言形式写的杂文，如《说马》，用"形似写物，实系写人"的手法，以马喻人，论述了选材、用材之道，文笔通畅、言简意赅、寓意深刻，实在是千古难得的好文章。

韩愈的教育思想是直接为他的政治目的服务的。他认为教育的目的就是为了传"先王之道"，宣"圣人之教"，教育的内容当然主要是儒家经典。韩愈曾长期从事教育实践，所以在教学和学习方法方面也积累了不少经验，在他的文章中也多有阐述。他还特别论述了师资问题，讲到教师的作用、地位等问题。

《师说》是我国教育史上第一篇比较全面地从理论上论述师道的文章。它的思想意义在于它继承和发展了前人关于师道的观点，是很有创见的，是韩愈教育思想的精髓，也为我国教育史提供了新的比较进步的见解。《师说》这篇文章虽然只有短短456个字，但它精湛的思想却一直影响着后世的教育工作者，是我国古代教育史中珍贵的教育文献。文章说理清晰，感情充沛，说服力强，是一份宝贵的教育遗产。

韩愈

中国古代教育智慧

连环画：《韩愈》

一、教师的任务

《师说》开宗明义第一句话就是，"古之学者必有师，师者，所以传道、授业、解惑也。"这是我国教育史上第一次完整地对教师职责下的定义，这个论述从韩愈作《师说》起，一直启示后世教师忠实地履行自己的天职。这个论断的生命力就在于很大程度上提示了教师的职责这一客观真理。

韩愈所说的"道"就是儒家之道，即传"先王之道"，宣"圣人之教"。"传道"当然指的是传儒家"修身、齐家、治国、平天下"之道，用今天的话来说，就是进行思想品德和政治思想教育，这里当然指封建社会的封建道德和为封建统治阶级政治服务的政治思想教育，这是首位，也是根本。

所谓"授业"就是指传授什么内容。既然传封建之道，当然要传授儒家的经典，为了使学生能够掌握这些知识，必然要教给学生读、写、算的能力，也就是使学生受到文化知识技能方面的教育，授业的内容就是讲习古文六艺之类的儒家经典。

所谓"解惑"是指在传道授业过程中，学生总会遇到许多不明白的事，教师的任务就是解答学生在这个过程中遇到的疑惑。

以上三个方面不是并行的，而是以传道

为首要内容,授业与解惑是为传道服务的。当然,只说传道,没有授业,道就不存在;要是不解惑,那么不明白其中的道,所以说,传道是目的、是方向,授业解惑是进行传道的过程和手段,这三个方面虽然有主次之分,但又相互联系,缺一不可。韩愈之所以明确地指出传道、授业、解惑是教师的任务,恐怕就是这个道理。

既然一切为了传道,那么教师如果只学习儒家经典,而不知传道,那就是"小学而大遗",就是说,如果只教给学生一些书本知识,而不传道,就会因小失大,失去教师的作用,不能完成教师的任务。短短的几句话就把教师的本质说清楚了。

韩愈对教师任务的论述同样可以为我们所用,用它来说明智育和德育之间的辩证关系也是合理的。

韩愈和柳宗元

二、教师的标准

韩愈认为:"生乎吾前,其闻道也,固先乎吾,吾从而师之;生乎吾后,其闻道也,亦先乎吾,吾从而师之。吾师道也,夫庸知其年之先后生于吾乎?是故无贵无贱,无长无少,道之所存,师之所存也。"意思是说,无论这个人社会地位是高是低,年龄是长是少,只要他掌握了道,他就是我的老师,如果一个教师没有一定的"道",那就不称其为教师。

中国古代教育智慧

东坡书院

位于海南岛儋州市中和镇,古时候是儋州府所在地。宋哲宗绍圣四年(1097年),苏东坡被贬为琼州别驾,他先住在儋州官舍里,后被上司逐出,便在桄榔林里盖了几间茅屋居住,命名为桄榔庵。儋州州守张中和黎族读书人家黎子云兄弟共同集资,在黎子云住宅边建了一座房屋,苏东坡为房屋取名"载酒堂"。清代,载酒堂改称东坡书院。书院旧址虽已经历了九百年的风雨侵蚀,但当地人民出于对苏东坡的怀念和仰慕之情,几番修建、扩建,现在东坡书院已完全恢复了当年风貌,成为颇具规模的旅游点。

"道"是教师存在的基础,是教师存在的前提条件,师道不可分离,学生"从师",即"从师道",是向老师学习道。为人师,必须忠于道,必须传道卫道;而传道又是通过授业来实现的。所以衡量教师的标准首先是"道",其次是"业"。凡是具备了"道"与"业"的,就可以做教师。教师就是要在"道"与"业"两个方面加强自己的修养。

我们将"道"理解为一种主义、信仰和理想,那么它就是一个符合客观规律的教育思想。教师承担的社会职责是离不开政治信仰和理想的。在当时,离开政治信仰的教师是不存在的。

三、教师的作用

《师说》首句说"古之学者必有师"。韩愈对当时社会上"耻学于师"的不良风气进行了尖锐的批判,指出连圣人都要虚心求师,才会使自己提高更多,而愚者反倒不求教于师,结果只会变得更愚蠢。为此,韩愈挺身而出,公开招收门徒,试图纠正社会的不良风气。

为什么必须要有教师呢?韩愈说:"人非生而知之者",既然不是"生而知之",就需

《师说》师说、童心说的教育智慧

要有人为他传道。既然不是"生而知之",总会有疑惑不解的事情,就需要有人为他解惑,这短短的几句话,说明了教师的重要性。如果没有教师,那么"其为惑也,终不解矣",鲜明地提出了从师的重要性。

怎样才能被称作教师呢?韩愈认为掌握了"道"的人就是教师。他的"生乎吾前,其闻道也,固先乎吾,吾从而师之;生乎吾后,其闻道也,亦先乎吾,吾从而师之。吾师道也,夫庸知其年之先后生于吾乎?是故无贵无贱,无长无少,道之所存,师之所存也。"我们认为,如果把"道"理解为政治标准,韩愈的观点是正确的。"道"必须通过授业解惑来完成,要能更好地传道,就必须善于授业和解惑,用今天的话来说,就是要求教师必须有较高的文化素质和专业修养,才能更好地传道,实际上他已经提出了政治、文化素质和专业水平的要求。当然,他还不能用准确科学的语言从理论上加以阐述。

白鹿洞书院

白鹿洞书院,位于江西九江庐山五老峰南麓的后屏山之阳。书院傍山而建,一簇楼阁庭园尽在参天古木的掩映之中。南唐升元年间,白鹿洞正式辟为书馆,称白鹿洞学馆,亦称"庐山国学"。宋仁宗五年,改称"白鹿洞之书堂",与当时的岳麓书院、应天府书院、嵩阳书院并为"四大书院"。后又与吉安白鹭洲书院、铅山的鹅湖书院、南昌的豫章书院并称为"江西四大书院"。

四、师生关系

韩愈直接继承了儒家关于"学无常师"的观点,明确提出"圣人无常师"。

孔子的话"三人行则必有我师",这也是

中国古代教育智慧

东林书院

位于江苏省无锡市，亦名龟山书院。创建于北宋政和元年（1111年），是当时知名学者杨时长期讲学的地方，后荒废。明朝万历三十二年（1604年），由东林学者顾宪成等人重新修复并在此聚众讲学，他们倡导"读书、讲学、爱国"的精神，引起全国学者普遍响应，一时声名大噪。顾宪成撰写的名联"风声雨声读书声声声入耳，家事国事天下事事事关心"更是家喻户晓，有"天下言书院者，首东林"之赞誉。

韩愈"圣人无常师"的思想渊源，进而进一步提出了"弟子不必不如师，师不必贤于弟子，闻道有先后，术业有专攻，如是而已"的观点。由于对"道"的某方面的造诣不同，由于对"业"的某方面擅长的不同，可能学生不一定不如教师，教师也不一定处处比学生高明。他的这一思想是很深刻的，不仅破除了对教师的盲目迷信，解除了"弟子必不如师，师必贤于弟子"的旧观念，而且还反映了闻"道"在先，以"先觉觉后觉"，攻有专"业"，以"知"教"不知"这一教学过程的客观规律，也就是说不管什么人，只要谁先懂得道，谁有学问，谁就是教师，实际上是在"道之所存，师之所存"的标准上进一步讲清楚怎样才称得上教师的道理。这是符合择师之道的，也正好印证了"吾爱吾师，吾尤爱真理"这句西方名言，成为我国教育史上的优良传统。"弟子不必不如师，师不必贤于弟子"这精辟的论断，使《师说》放出异彩。

韩愈还强调"不耻相师"的道理，他引孔子拜郯子（请教官名）、苌弘（请教音乐知识）、师襄（学习弹琴）、老聃（请教周礼）为师作例证，提倡人们要向德行高尚、学有专长的人学习，提倡互相为师，谁在某一方面比自己强就拜他为师，在这里既有"能者为师"的观点，又有"教学相长"的含义。他的这一思想有利于扩大师资的来源，有利于推动文化教育事业的发展。

综上所述，韩愈在阐述教师的任务、教师的标准及师生关系的问题中，看到了道与师、道与业、师与生之间的既矛盾又统一的关系，包含了朴素辩证法的观点。他提出了教师既应忠于理想、传播真理，又要学有专长、认真授业；他暗示教师既要起主导作用，又要重视教学相长、能者为师……这些卓越的见解，不但大大丰富了我国古代的教育理论，而且对我们今天正确理解教师的职责，正确处理政治与业务、德育与智育、教书与育人、教师与学生之间的关系，也具有一定的参考价值与启发意义。

孔子

韩愈围绕"教师"作了较为全面的阐述，对教师的任务、作用、地位等各方面给予具体的说明，并提出了"圣者为师"的观点，实际就是能者为师的观点，今天看来，仍有一定的进步意义。韩愈作为我国唐代著名的文学家、思想家，号称"文人之雄"，曾倡导古文运动，被后人列为唐宋八大家之首。

总的来说，韩愈极力主张加强儒家思想的控制，维护封建主义的伦理道德和等级制度，这在本质上有消极的作用。但也有值得肯定之处，他主张和宣扬儒家的道统，排斥佛老，提倡古文运动，是符合历史发展潮流的，在当时

中国古代教育智慧

泰山北斗、百代文宗

的历史条件下有一定的积极意义，尤其在教育方面，提出了许多思想主张，如强调英才教育，提倡尊师重道，主张因材施教，以及有关学习思想与治学方法的论述，都很有新意。

韩愈的哲学思想是唯心主义的，他的人性论也曾受到置疑，但是，他的教育思想中却包含有朴素的唯物主义和辩证法的因素，这是值得我们肯定的。

第三部分 《师说》释读

师说、童心说的教育智慧

（一）

【原文】

古之学者①必有师，师者，所以传道受业解惑也②。人非生而知之者③，孰能无惑？惑而不从师，其为惑也④终不解矣。生乎吾前，其闻道⑤也固先乎吾，吾从而师之⑥；生乎吾后，其闻道也亦先乎吾，吾从而师之。吾师道也，夫庸⑦知⑧其年之先后生于吾乎？是故，无贵无贱，无长无少，道之所存，师之所存⑨也。

【注释】

①学者：求学的人。

②道：指儒家孔子、孟轲的哲学、政治等原理、原则；受：通"授"；业：泛指古代经、史、诸子之学及古文写作。

③人非生而知之者：语本《论语·述而》："子曰：'我非生而知之者，好古敏以求之者也。'"《论语·季氏》："孔子曰：'生而知之者，上也；学而知之者，次也。'"孔子承认有生而知之的人，但认为自己并非这样。韩愈则进一步明确没有生而知之的人。

④其为惑也：那些成为疑难的问题。其，那，指示代词。

⑤其：表推测语气，大概。闻道：语本《论语·里仁》："子曰：'朝闻道，夕死可

书法：《师说》

中国古代教育智慧

矣。'"闻,听见,引申为懂得。

⑥从而师之:跟随(他),拜他为老师。师之,即以之为师。师,这里作动词用,学习、从师的意思。

⑦夫庸:夫,为发语词。庸,哪里,表示反问的语气。

⑧知:管,过问。

⑨道之所存,师之所存:知识、道理存在的地方,就是老师存在的地方。

【译文】

古时候求学的人一定有老师。老师是传授道理、教授学业、解释疑难的人。人不是生下来就懂得道理的,谁能没有疑惑?有疑惑而不从师学习,那他对于疑惑的问题就始终不能解决。出生比我早的人,他闻知道理本来比我早,我跟从他向他学习;比我出生迟的人,他闻知道理如果也比我早,我也跟从他学习,而且把他当做老师。我学习的是道理,哪里计较

问师

孔子论"学"

《论语·述而》子曰:"我非生而知之者,好古,敏以求之者也。"(孔子说:"我不是生来就有知识的人,而是爱好古代的东西,勤奋地去求得知识的人。")

《论语·季氏》子曰:"生而知之者,上也。学而知之者,次也。困而学之,又其次也。困而不学,民斯为下矣。"(孔子说:"生来就知道的是最上等的;通过学习才知道的是次一等的;遇到困难才学习的又是次一等的;遇到困难仍然不学习的人是最下等的了!")

《论语·里仁》子曰:"朝闻道,夕死可矣。"(早晨闻道,晚上死去。形容对真理或某种信仰追求的迫切。)

他生年比我早还是晚呢？所以，不论地位显贵还是地位低下，不论年长年少，道理存在的地方，也就是老师存在的地方。

【故事】

聪明小项橐，虚心老仲尼

项橐智问孔子

《三字经》中有这样一句话："昔仲尼，师项橐（tuó）。"

项橐是春秋时期鲁国的一位神童，聪明过人，他从小就喜欢观察事物，遇事好打破砂锅问到底，提出的问题往往大人都难以回答。夏天项橐见电闪雷鸣，瓢泼大雨随之而降，就问父亲："天为啥打闪打雷？"父亲说："是天老爷让打闪娘娘照明，他打雷轰劈坏人和妖怪。"项橐反问："那坏人和妖怪只有夏天有，冬天没有吗？"父亲张口结舌说不出道理来。有一天，舅舅来走亲戚，晚上在院里乘凉，天空晴朗，繁星满天，舅舅逗项橐说："橐儿，你说天上有多少颗星？"项橐说："跟地上的人一样多。"接着反问舅舅："你头发有多少根？"舅舅回答："跟你的一样多，不信你数数呀！"项橐说："行，你把头发拔下来，我就数。"惹得在座的人哈哈大笑。

一个七岁的小孩儿这样聪明伶俐，很快就

中国古代教育智慧

从前孔子拜七岁的项橐为学琴老师，古代圣贤，尚且勤学如此，我们更应勤学好问。

xī zhòng ní shī xiàng tuó
昔仲尼 师项橐
gǔ shèng xián shàng qín xué
古圣贤 尚勤学

三字经

传遍了四面八方，也传到了正在周游列国的孔子耳朵，孔子想借东游看海来会会这位神童。

一天中午饭后，父亲去锄地，项橐跟着玩儿，在地头的道上用小石头围了个圈，里面用薄板石盖了间小屋。正玩得高兴时，忽然从西南驿道上来了辆马车，上面坐着位长者，头挽髻，宽袖长袍，后面跟着一些弟子。驾车的是子路，猛然看见一个小孩蹲在路中间玩，就大声吆喝："闪开！闪开！"项橐若无其事，照样玩他的，子路满脸怒气，伸手要揍项橐，被孔子阻止。孔子下车问："你这小孩子怎么不让路？"项橐说："城躲马？还是马躲城？"孔子一时语塞，弟子们也哑口无言，只好绕"城"而过，子路气未消，走到地那头去麻烦了一会儿项父才走。他们走后，项橐去问父亲，他们跟他说什么了，父亲如此这般地说了一遍，项橐说："他们再回来，你就这样告诉他们……"

孔子向北走了一会儿，看天色已晚，离驿站尚远，又听说神童就在这一带，未能与之交谈感到很惋惜，便决定原路返回，在此地住宿。回来后，子路果然又去找项父，问他："你的锄一天到底锄多少下？"项父回答：

"你的马蹄一天抬多少下,我的锄就锄多少下。"孔子听后很惊愕,便问:"那会儿你说不知道,这会儿又这样讲,是谁教你的?"项父是个厚道人,不会说谎,便对孔子说了实话。孔子断定这个小孩就是他要见的神童,便吩咐弟子们找店住下,打算找项橐交谈交谈。

子路

这地方无论是民宅还是店家,都种秋齐棘子当院墙,孔子进店没注意,袍子被棘子刮破了。一个弟子很恼火,便对围观的人有所指地说:"此地棘子甚多,自幼长刺,大了更恶,实乃无用之材。"项橐也在其中,一听便知弦外有音,就问:"先生们,什么是'有用之材'?"孔子说:"诸木之中,唯有四季长青的松柏最好。"项橐接着问:"松柏确实是有用之材,你能说出松柏为什么四季长青吗?"孔子说:"因为松柏木质硬,无孔、心红。"项橐接着又问:"那竹子可是心白有孔,为什么也四季长青?"孔子无言以对。

第二天一早,孔子便派弟子去找项橐。去的人回来告诉孔子,项橐和几个小伙伴们到东边看日出去了,孔子便亲自到村东去找,不一会儿便发现了项橐和另一个小孩儿正在池塘边争执。孔子凑了过去,只见两个小孩儿争得面红耳赤,那个小孩儿指着太阳说:"你看!你看!早晨它像车轮子,中午就像个盘盂,这不是早晨离我们近,中午离我们远吗?"项橐说:"离我们近必定晒人厉害,可早晨虽大,反而沧沧凉凉,但到了中午却像火盆烤人,开

孔子教育活动的三个阶段

第一阶段：自开始办学到去齐国求仕之前，约七八年时间。在这一时期，孔子的学生中有比他只小六岁的颜路（颜回之父），有比他只小九岁的子路。子路几乎是终生陪伴着孔子。

第二阶段：自三十七岁从齐国返回鲁国到五十五岁（鲁定公十三年（公元前497年））周游列国之前。这一阶段计十八年的时间。他的一些有名的弟子，如颜回、子贡、冉求、仲弓等，大都是这一时期进入孔门的。

第三阶段：自六十八岁（鲁哀公十一年（公元前484年））周游列国结束回到鲁国，到他去世，共五年时间。他把精力集中到办教育与整理古代文献典籍上了。这一时期他的学生也很多，培养出了子夏、子游、子张、曾参等才华出众的弟子。

水烫人呢？"正当二人相持不下，见孔子来到，便请教孔子，孔子哼哼啊啊也没说出个所以然。这时，有群鹅在池塘嘎嘎叫着戏水，项橐就问孔子："鹅的叫声为什么这样大？"孔子说："因为它的脖子长。"项橐说："蛤蟆、蛙子脖子很短，叫声也不小。"孔子又支支吾吾了。项橐诚恳地说："人们都说你上知天文，下知地理，中知人伦纲常，是无所不知无所不晓的圣人，怎么这些事不给俺讲清楚呢？"孔子长叹一声，俯下身子对项橐和蔼地说："后生可畏，我当拜你为师。"回头对弟子们讲："三人行必有我师矣，要不耻下问。"经孔子这一褒奖，项橐便名扬九州，震动朝野。

小柳公权虚心拜师

柳公权是唐朝有名的书法家，民间有"柳字一字值千金"的说法，他的书法字体遒劲，字字严谨，一丝不苟，有"柳体"之称。但他小时候却有一段被卖豆腐的老人讥讽字体难看从而虚心拜师的故事。

有一天，他和几个小伙伴举行"书会"，这时，一个卖豆腐的老人凑了过来，他看到柳公权写的"会写飞凤家，敢在人前夸"几个字，觉得这孩子太骄傲了，便皱皱眉头说："这字写得并不好，好像我的豆腐一样，软塌塌的，没筋没骨，还值得在人前夸吗？"

小公权一听，很不高兴地说："有本事，你写几个字让我看看。"

老人爽朗地笑了笑说："不敢，不敢，我是一个粗人，写不好字，可是，就有人用脚写字都写得比你好得多，不信，你到华京城看看去吧。"

第二天，小公权起了个五更，独自去了华京城。一进华京城，他就看见一棵大槐树下围了许多人，他挤进人群，只见一个没有双臂的黑瘦老头赤着双脚，坐在地上，左脚压纸，右脚夹笔，正在挥洒自如地写对联，笔下的字迹似群马奔腾、龙飞凤舞，博得围观的人阵阵喝彩。

小公权"扑通"一声跪在老人面前，说："我愿意拜您为师，请您告诉我写字的秘

柳公权：神策军碑

中国古代教育智慧

柳公权

柳公权（778年—865年），字诚悬，唐朝京兆华原（今陕西耀县）人，官至太子太师，世称"柳少师"。由于他也被皇帝封为河东郡公，因此后人也称他"柳河东"。他是颜真卿的后继者，后世以"颜柳"并称他们，成为历代书法的楷模。

诀。"

老人慌忙用脚拉起小公权说："我是个孤苦的人，生来没手，只得靠脚巧混生活，怎么能为人师表呢？"小公权苦苦哀求，老人才在地上铺了一张纸，用右脚写了几个字："写尽八缸水，砚染涝池黑；博取百家长，始得龙凤飞。"

柳公权把老人的话牢记在心，从此发奋练字。他的手上磨起了厚厚的茧子，肘部处的衣服补了一层又一层。经过苦练，柳公权终于成为我国著名书法家。

互相学习的鲁班与墨子

鲁班与墨子,春秋战国同时期人,都生活在鲁国,鲁班年长墨子二十七岁。

鲁班快五十岁时,由于手艺精湛,弟子过百,发明很多,已盖了不少漂亮的房子和宫殿,名气非常大。一天,一个陌生青年来访,鲁班家人问青年有什么事,来人说想与鲁班交流学问。鲁班让家人转告青年,作为工匠,他只与务实的人交朋友,无时间与人空谈闲聊,青年改口说是来向鲁班师傅拜师学艺,鲁班才让青年进屋相见。

鲁班见青年二十岁出头,身着粗布衣衫,脚蹬四耳芒鞋,秀眉明眸,额头饱满,心知是一个务实、能吃苦,又有头脑的人,是做木匠的好苗子,心里有点喜欢。于是沏茶让座,以礼相待。

青年告诉鲁班他叫墨翟,并告诉了他祖父和父亲的名字。鲁班知墨翟也是工匠世家,其父亲和祖上先辈都是工匠,便问:"你为什么不向你父亲学艺呢?"

墨翟说:"鸟攀高枝,人奔捷径,我父亲技不如您。"

鲁班又问:"我看你是一个读书做学问的人,怎么会想学手艺呢?"

墨翟说:"读书用不着十年可培养出一个能说会道的书生,十年工夫却难以培养出一个好的手艺人,因此不能小看了手艺人。"又

鲁班

鲁班,姓公输,名般。又称公输子、公输盘、班输、鲁般。因是鲁国人(今滕州人),"般"和"班"同音,古时通用,故人们常称他为鲁班。

中国古代教育智慧

巧匠鲁班

说:"现在世上,说空话的书生可谓不少,做实事的手艺人却永远是需要的,'天干三年饿不死手艺人'说的正是此理。"

墨翟谈吐不凡,鲁班非常高兴,决定收其为徒,便问:"土木工程技艺广泛,你想学什么呢?"

墨翟回答:"我秉承家学,对各种土木技艺也略知一二。近年来,我潜心研究作战用的守城工具,且已绘出施工图纸,今天请师傅过目,望指出纰漏,以便改进。"一面恭敬地呈图纸给鲁班。

鲁班接过图纸,仔细看了起来,心中暗惊。此前鲁班发明了当时最为先进的云梯,这种云梯,轻巧灵活,可折叠运输,攻城时一经连接长度不限,再高的城墙,士兵瞬间就能搭梯攀援而上。而墨翟的守城工具,设计更为奇巧,使用时只要拨动机关,不等攻城士兵攀上云梯,就能让云梯立刻散架。显然,墨翟是针对鲁班云梯的弱点,专门设计来破解它的。

鲁班对墨翟更加另眼相看:"你的设计已在我之上,我何敢收你为徒!"

墨翟说:"以师傅的高超技艺,不出百日,您就能设计出破解我守城工具的新云梯,

师说、童心说的教育智慧

我岂能在师傅之上。"

鲁班说:"我看你学问不低,你怎会对设计守城用的工具感兴趣呢?"

墨翟说:"我听说楚王为了攻打宋国等国家,向师傅订一千副云梯,此事不知是否属实?"

鲁班回答:"属实,我正准备安排赶做呢。"

墨翟对鲁班说:"宋国等各国,已知道楚国向师傅订购云梯,现正急着四处寻找能破解云梯的工具,我正是为了此机遇赶着设计出守城工具。我是诚心将此守城工具图纸献给师傅作为拜师的见面礼,师傅可据此制作出当今世上最好的守城工具,这样,师傅既有天底下最好的云梯,又有世上最好的守城工具,攻战双方都有求于您,战争愈打得厉害,您名气愈大,收益愈多,如同既有最好的矛,又有最好的盾,师傅岂不天下第一。这就是我前来向您拜师的目的。"

听了墨翟的话,鲁班知道墨翟是用"卖矛又卖盾"的寓言来开导他,心中顿悟:天外有天,人上有人,今时胜昨时,后浪越前浪。发明是无止境的。昨天你发明了最好的云梯,今天就有人发明出破解它的工具,即使明日你又发明了更为先进的云梯,要不吧多久照样有人能破解它,如此无限循环,战争无休止地消耗着社会财富,遭殃的却永远是黎民百姓。

想到此,鲁班自愧不如墨翟的思想境界,

墨子

墨子(约公元前468年—前376年),名翟,山东滕州人,战国时期著名的思想家,墨家学派的创始人。他曾提出"兼爱""非攻"等观点,创立墨家学说,并有《墨子》一书传世。墨学在当时影响很大,与儒家并称"显学"。

中国古代教育智慧

兼爱·非攻·节用

谦恭地说:"技艺不分先后,学问不管长少,你的见识远在我之上,你的学问值得我向你学习,我岂敢做你的师傅,我们做好朋友吧。"

鲁班的坦诚,让墨翟感动,他不再作谦恭客套之态,便从包中拿出他的著作《墨经》送给鲁班,并跟鲁班讲解了他的"非攻(反战)"和"兼爱(博爱)"的观点,墨翟反对战争,主张人与人应互相关爱等。《墨经》是一部结构严谨,内容丰富的科学著作,不仅涉及了哲学、政治经济学、逻辑学,还有当时最先进的自然科学知识,如力学、光学、数学等,对发明家鲁班来说这是最需要的。鲁班把这本书放在身边学习,以后一直把它当作珍宝收藏。

自此,鲁班与墨翟常有交往,结为忘年交。鲁班深受墨翟学说的影响,放弃了研发战争工具,转而将心思集中在有利于人民生产、生活工具的研发上。鲁班的发明越来越多,在当代和后世被大力推广使用,他个人也被后人尊为我国土木工匠的祖师。大思想家墨翟则被后人尊称为墨子。

鲁班和墨子,在各自不同领域,做出了利民益民的不凡业绩,受到人们的爱戴和崇敬。

师说、童心说的教育智慧

（二）

【原文】

嗟乎！师道①之不传也久矣！欲人之无惑也难矣！古之圣人，其出人②也远矣，犹且从师而问焉；今之众人③，其下圣人也亦远矣，而耻学于师④。是故圣益圣，愚益愚⑤。圣人之所以为圣，愚人之所以为愚，其皆出于此乎？

孔子像

【注释】

①师道：从师学习的风尚。

②出人：超出（一般）人。

③众人：普通人。

④耻学于师：以向老师学习为耻。

⑤是故圣益圣，愚益愚：因此聪明的人更加聪明，愚蠢的人更加愚蠢。

【译文】

唉！从师学道的道理没有人传布已经很久了，要人们没有疑惑很难哪！古代的圣人，他们超过一般人很远了，而且跟从老师向老师请教；现在的许多人，他们跟圣人相比相差很远了，却以向老师学习为羞耻。所以圣人就更加圣明，愚人就更加愚昧。圣人之所以成为圣人，愚人之所以成为愚人，大概都是由于这个原因而引起的。

中国古代教育智慧

岳飞

满江红

　　怒发冲冠，凭栏处、潇潇雨歇。抬望眼，仰天长啸，壮怀激烈。三十功名尘与土，八千里路云和月。莫等闲白了少年头，空悲切。

　　靖康耻，犹未雪；臣子恨，何时灭！驾长车踏破贺兰山缺。壮志饥餐胡虏肉，笑谈渴饮匈奴血。待从头收拾旧山河，朝天阙。

圣人与愚人

　　商朝最后一个君主帝辛，他虽资捷辨疾，闻见甚敏，财力过人，手格猛兽，但他却好酒淫乐，嬖（bì：宠爱）于妇人，造酒池肉林，立炮烙酷刑，杀死比干等忠臣，激起黎民百姓的怨怒，而他仍日日醉生梦死，夜夜纸醉金迷，以为天下都是自己的，没有忧患意识。结果，姬发发兵而起，直逼朝歌，最后在牧野大败商军。后人称帝辛为"商纣王"。

　　岳飞背上背负者慈母的嘱托：精忠报国。他曾经一路过关斩将，袭扰金军，屡战告捷，马上杀敌，酣畅淋漓。无奈生不逢时，秦桧奸佞，张牙舞爪，自古奸邪不两立，小人岂能容君子？呜呼！英雄被冠"莫须有"的罪名而冤死，世人愤懑，造秦桧的跪像向岳飞谢罪。

　　圣人之所以为圣人，是因为他们所做的事情不是为了自己，而是为了广大的人民；遭人唾弃的人之所以被人不齿，是因为他们从来都自私自利，只为自己的享乐考虑，不顾全大局，愚蠢到认识不到自己所做的事情是为人们所痛恨的。

【故事】

成功需要不耻下问

　　孔子是春秋时代儒家学派的创始人，是我国伟大的思想家、政治家、教育家，人们都尊奉他为圣人。然而孔子认为，无论什么人，包括他自己，都不是生下来就有学问的。

　　一次，孔子去鲁国国君的祖庙参加祭祖典礼，他不时向人询问，差不多每件事都问到了。有人在背后嘲笑他，说他不懂礼仪，什么都要问。孔子听到这些议论后说："对于不懂的事，问个明白，这正是我要求知礼的表现啊。"

师说、童心说的教育智慧

卫国大夫孔圉聪明好学,更难得的是他是个非常谦虚的人。在孔圉死后,卫国国君为了让后代的人都能学习和发扬他好学的精神,因此特别赐给他一个"文公"的称号,后人就尊称他为孔文子。

孔子的学生子贡也是卫国人,但是他却不认为孔圉配得上那样高的评价。有一次,他问孔子说:"孔圉的学问及才华虽然很高,但是比他更杰出的人还很多,凭什么赐他'文公'的称号?"孔子听了微笑说:"孔圉非常勤奋好学,脑筋聪明又灵活,而且如果有任何不懂的事情,就算对方地位或学问不如他,他都会大方而谦虚地请教,一点儿都不因此感到羞耻,这就是他难得的地方,因此赐给他'文公'的称号并不会不恰当。"经过孔子这样的解释,子贡终于服气了。

明代李时珍撰写《本草纲目》的几十年间,读过八百多种典籍。在研读古书时,发现诸家说法并不一致,且相互矛盾,为此,他亲自上山采药,同时向许多有实践经验的医生、药工、樵夫、渔夫等人请教,终于鉴别考证了历代记载的一千多种药物,为它们重新做出了科学的论断。

俄国学者、诗人罗蒙诺索夫徒步两千公里到莫斯科求学,因为不是贵族子弟而被学校拒之门外,后来他装成外城贵族的儿子混进斯拉夫-希腊-拉丁学院学习。因为不懂拉丁文,老师让他坐在最后一排,班上的大都是十三四岁的孩

李时珍

李时珍(1518年—1593年),字东璧,号濒湖,身高约合现今1.63米,湖北蕲州(今湖北省蕲春县蕲州镇)人,其父李言闻是当地名医。李时珍继承家学,尤其重视本草,并富有实践精神,肯于向劳动人民学习。历时二十七年编成《本草纲目》一书,该书是我国明以前药物学的总结性巨著。在国内外均有很高的评价,已有几种文字的译本或节译本。另著有《濒湖脉学》《奇经八脉考》等书。

中国古代教育智慧

罗蒙诺索夫

米哈伊尔·瓦西里耶维奇·罗蒙诺索夫（1711年—1765年），俄国化学家、哲学家。1730年到莫斯科考入斯拉夫-希腊-拉丁学院。1745年8月成为圣彼得堡科学院院士和化学教授。1748年秋他按照自己的计划创建了俄国第一个化学实验室。1755年创办了莫斯科大学。1760年他当选为瑞典科学院院士，1764年当选为意大利波伦亚科学院院士。

子，他们笑他："二十来岁的大傻瓜来学拉丁文！"但罗蒙诺索夫对老师的冷淡、同学的讥笑佯作不知，只是专心听讲，虚心求教，学习拉丁文造句。后来，他以卓越的才能和优良的拉丁文水平被派往德国学习，终于由一个打鱼的青年成为一位著名的科学家。

这些获得成功的人，他们的成就与他们的虚心求教、不耻下问是分不开的。任何一个取得成功的人，都不是独自做成一件事或干一番事业的，跟别人学习，向某一方面优于自己的人请教才是一个人获得快乐，获得成功的源泉。古往今来的成功者无不具有这样的品质，我们应该向前人学习。

师说、童心说的教育智慧

（三）

【原文】

爱其子，择师而教之；于其身也，则耻师焉，惑矣①！彼童子之师②，授之书而习其句读③者，非吾所谓传其道解其惑者也。句读之不知，惑之不解，或师焉，或不焉④，小学而大遗⑤，吾未见其明也。

【注释】

①惑矣：（真）糊涂啊！

②彼童子之师：那些教小孩子的（启蒙）老师。

③句读（dòu）：也叫句逗。古代称文辞意尽处为句，语意未尽而须停顿处为读（逗），句号为圈，逗号为点。古代书籍上没有标点，老师教学童读书时要进行句逗的教学。读，通"逗"。

④或师焉，或不（fǒu）焉：有的（指"句读之不知"这样的小事）请教老师，有的（指"惑之不解"这样的大事）却不问老师。"不"同"否"。此句翻译时应注意交错翻译。

⑤小学而大遗：小的方面（句读之不知）要学习，大的方面（惑之不解）却遗漏了。

【译文】

众人喜爱他们的孩子，选择老师教育孩子；对于他们自己呢，却耻于让老师教他们，这真是糊涂啊！那孩子的老师，教孩子读书来

岳麓书院

我国古代四大书院之一，其前身可追溯到唐末五代。北宋开宝九年（976年），潭州太守朱洞在僧人办学的基础上，正式创立岳麓书院。历经宋、元、明、清各代，至清末光绪二十九年（1903年）改为湖南高等学堂，尔后相继改为湖南高等师范学校、湖南工业专门学校，1926年正式定名为湖南大学至今，历经千年，弦歌不绝，故世称"千年学府"。

中国古代教育智慧

熟悉书中的句子，尚不是我所说的给人传授道理、给人解释疑惑的老师。文句不理解，疑惑不能解决，有的人向老师学习，有的人却不向老师求教，小的方面学习，大的方面遗漏，我看不出他们有什么明智的。

【故事】

只要虚心问一句就好了

有一个关于一个教授与疯子的故事。

一个心理学教授到疯人院参观，了解疯子的生活状态。一天下来，觉得这些人疯疯癫癫，行事出人意料，可算大开眼界。

想不到准备返回时，发现自己的车胎被人卸掉了。"一定是哪个疯子干的！"教授这样愤愤地想道，动手拿备胎准备装上。事情严重了，卸车胎的人居然将螺丝也都卸掉了，没有螺丝有备胎也装不上去啊！

教授一筹莫展。在他着急万分的时候，一个疯子蹦蹦跳跳地过来了，嘴里唱着不知名的欢乐歌曲。他发现了困境中的教授，停下来问发生了什么事。

教授懒得理他，但出于礼貌还是告诉了他。

疯子哈哈大笑说："我有办法！"他从每个轮胎上面卸了一个螺丝，这样就拿到三个螺丝将备胎装了上去。

教授惊奇感激之余，大为好奇："请问你是怎么想到这个办法的？"

疯子嘻嘻哈哈地笑道："我是疯子，可我不

是呆子啊！"

还有一个故事是一个博士生和本科生的故事。博士生一毕业分到了一家研究所，成为其学历最高的一个人。

有一天他到单位后面的小池塘去钓鱼，正好正、副所长在他的一左一右，也在钓鱼。

他只是微微点了点头，这两个本科生，有啥好聊的呢？

谁都不是高手

不一会儿，正所长放下钓竿，伸伸懒腰，噌噌噌从水面上如飞地走到对面上厕所。

博士眼睛睁得都快掉下来了。水上飘？不会吧？这可是一个池塘啊。

正所长上完厕所回来的时候，同样也是噌噌噌地从水上飘回来了。

怎么回事？博士生又不好去问，心想自己可是博士生呢！

过了一阵，副所长也站起来，走几步，噌噌噌地飘过水面上厕所。这下子博士差点晕倒：不会吧，到了一个江湖高手集中的地方？

博士生也内急了。这个池塘两边有围墙，要到对面厕所非得绕十分钟的路，而回单位上厕所又太远，怎么办？

博士生也不愿意去问两位所长，憋了半天后，也起身往水里跨：我就不信本科生能过的水面，我博士生不能过。只听咚的一声，博士生栽到了水里。

孔门弟子及孔子

孔子一生从事教育事业，相传有弟子三千，贤弟子七十二人，在德行方面表现突出的有颜渊、闵子骞、冉伯牛、仲弓；在语言方面表现突出的有宰我、子贡；办理政事能力较强的有冉有、子路；熟悉古代文献的有子游、子夏。在孔子的弟子中，有不少人都干出了一番成就，对当时政治，尤其是对孔子思想的传播，对儒家的形成和发展，都起到了重要作用。

孔子对学生的影响，一部分是通过言传，通过学习古代文献、传授各种技艺，而更多、更为深刻的则是身教。他的勤奋好学，他对真理、理想、完美人格的追求，他的正直、善良、谦虚、有礼，他对国家的忠诚与对老百姓的关心，都深深地感染着他的学生与后人。

学生们对老师非常崇敬，当有人诽谤孔子时，他们都会站出来捍卫孔子的崇高人格。"叔孙武叔毁仲尼。子贡曰：'无以为也！仲尼不可毁也。他人之贤者，丘陵也，犹可逾也；仲尼，日月也，无得而逾焉。人虽欲自绝，其何伤于日月乎？多见其不知量也。'"

孔子死后，被葬于曲阜城北的泗水岸边，弟子们为其服丧三年。子贡在孔子的坟前盖了一间小屋，为孔子守坟六年。中国历史上创办私学的先行者，第一位职业教师，得到了弟子们的衷心尊敬，也被誉为万世师表。

两位所长将他拉了出来，问他为什么要下水，他问："为什么你们可以走过去呢？"

两位所长相视一笑："这池塘里有两排木桩子，由于这两天下雨涨水，木桩子在水面下，我们都知道这木桩的位置，所以可以踩着桩子过去。你怎么不问一声呢？"

这两个故事说明，不要认为自己是最厉害的，身边的人不如自己，对自己不会有什么帮助，便清高地不理睬他们，其实很多事情不是你认为的那样。就像故事中的两位自以为比别人高明的教授和博士一样。一个人再能干也不可能什么都会，总有自己不擅长的方面，遇到事情总有自己想不到的地方，生活中总会遇到一点自己解决不了的困难。而身边你觉得在某方面不如你的人，他也并非什么都不如你，也许你做不到他能做呢？所以，开口问一句别人，自己的难题就会迎刃而解，何乐而不为呢？

（四）

【原文】

巫医①乐师百工②之人，不耻相师。士大夫之族，曰师曰弟子云者，则群聚而笑之。问之，则曰："彼与彼年相若也，道相似也③，位卑则足羞④，官盛则近谀⑤。"呜呼！师道之不复⑥，可知矣。巫医乐师百工之人，君子⑦不齿⑧，今其智乃反不能及，其可怪也欤⑨！

【注释】

①巫医：古代用祝祷、占卜等迷信方法或兼用药物医治疾病为业的人，连称为巫医。《逸周书·大聚》有关于"巫医"的记载。《论语·季氏》："人而无恒，不可以作巫医。"视为一种低下的职业。

②百工：泛指手工业者。

③相若、相似：想像，差不多的意思。

④位卑则足羞：以地位低（的人为师）则感到耻辱。

⑤谀（yú）：奉承、谄媚。

⑥复：恢复。

⑦君子：古代"君子"有两层意思，一是指地位高的人，一是指品德高的人。这里用前一种意思，相当于士大夫。

⑧不齿：不屑与之同列，即看不起，或作"鄙之"。齿，原指年龄，也引申为排列。幼马每年生一齿，故以齿计马岁数，也指人的年

中国古代教育智慧

嵩阳书院

位于河南省郑州登封市嵩山南麓,创建于北魏孝文帝太和八年(484年)时,时称嵩阳寺,至唐代改为嵩阳观,到五代时周代改建为太室书院。宋代理学的"洛学"创始人程颢、程颐兄弟都曾在嵩阳书院讲学,此后,嵩阳书院成为宋代理学的发源地之一。明末书院毁于兵燹,清代康熙时重建。嵩阳书院与河南睢阳书院(又名应天书院)、湖南岳麓书院、江西白鹿洞书院并称我国四大书院。

龄。古人常依年龄长少相互排列次序。本句反映封建阶级的传统偏见。

⑨其可怪也欤:难道值得奇怪吗?其,语气词,起加强反问语气作用。欤,语气助词,表感叹。

【译文】

巫医、乐师及各种工匠,不以互相学习为耻。士大夫这类人中,如有人称人家为老师、称自己为学生,这些人就聚集在一起嘲笑他。问那些嘲笑者为什么笑,他们就说:"那个人与某个年龄相近,修养和学业也差不多(怎么能称他为老师呢?)。以地位低的人为师,那是很使人丢脸的事,称官位高的人为师就近于谄媚"啊!从师学习的道理不能恢复,由此就可以知道了。巫医、乐师及各种工匠,士大夫之族是不屑与他们并列的,现在士大夫们的智慧反而赶不上他们,这不是很奇怪的事吗?

师说、童心说的教育智慧

【故事】

谦虚好学是人之美德

郭沫若和茅盾两位文学大师曾有过这么一段对话。郭沫若说:"鲁迅愿做一头为人民服务的'牛',我呢?我愿意做这头牛的'尾巴',为人民服务的'尾巴'。"茅盾接着说:"那我就做'牛尾巴'上的'毛'吧!"郭沫若忙说:"您太谦虚了。"郭沫若和茅盾这种谦和为人的精神,在中国文学史上留下了辉煌的一笔。

一代伟人林肯,早年由于家庭条件限制,并没有太多正式学习的机会,只在学校中接受过几个月的正式教育而已。但林肯却好学不倦,不愿因此限制自己,不肯轻易地放弃每一个学习的机会。当在伊利诺伊州依靠为当地农民剥玉米和杀猪为生时,他总将自己工作中往来的农夫、商人们视为自己的老师;而那些置身肯德基森林中的士儒们,更理所当然地成为林肯平日请教的对象。即使后来做了总统,林肯仍不时在床上读歌德的诗集。

古往今来,大凡伟人名流,无一不是谦虚好学的忠实履行者。恩格思曾说过:"我一生所做的都是我预定要做的事情——我演的只是配角——我想我还做得不错。我高兴我有马克思这样的主角。"列宁曾经说:"最有害的,就是自以为我们总还懂得一些什么。"鲁迅先生也曾讲过:"不满是向上的车轮,能够

茅盾

茅盾(1896年—1981年),本名沈德鸿,字雁冰,是现代著名小说家、文学评论家和文化活动家以及社会活动家,五四新文化运动先驱者之一,我国革命文艺奠基人之一。处女作是《蚀》三部曲(《幻灭》《动摇》《追求》)。

中国古代教育智慧

郭沫若

郭沫若（1892年—1978年），四川乐山人，我国现代著名的作家、文学家、诗人、剧作家、考古学家、思想家、古文字学家和著名的革命活动家。原名郭开贞，字鼎堂，号尚武，笔名沫若。是我国新诗的奠基人，是继鲁迅之后革命文化界公认的领袖。参加革命工作三十余年，为八一南昌起义核心人物。历任政务院副总理、全国文联主席、全国人大副委员长、全国政协副主席。

载着不自满的人类，向人道前进。"契诃夫也认为："对自己的不满足，是真正有天才的人的特征之一。"

谦虚好学，就要善于学习别人的长处，达到取人之长、补己之短的目的。俗话说，旁观者清，一个人对自己的短处一般不注意或注意不够，而别人则能看得清清楚楚。倘若能够时常看别人的长处，并能谦虚地去学习，不耻下问，这样，既能及时在对照比较中发现并弥补自己的短处，又能不断丰富自己的知识与经验。

谦虚好学，还包括善于借鉴别人的短处，善于从别人的失误中汲取教训。人们常说"失败是成功之母"，这句话一般是针对自己而言的。其实，不应该仅仅包括自己的失败，还应当包括别人的失败，如果我们不善于从别人的失败中汲取教训，事事都要经过自己的失败才能提高认识、获取新知，那代价未免太高了。所以，要善于从别人的失败或失误中汲取教训，以便自己少走弯路，加快前进。

影响我们向别人学习的主要障碍就是态度不端正，骄傲自满。有的人看不到别人的长处，不是谦虚地学别人，而是一味地妒忌别人，自认为"我凭什么要向他学呢"？这种思想其实是一种盲目自大、骄傲自满的表现。还有的人看到别人的短处，不是反省自己，而是嘲笑别人，一味地把别人的失败作为自己津津乐道的"笑料"，结果非但使自己重蹈别人的

师说、童心说的教育智慧

覆辙,还会降低自己的人格。

　　善于向别人学习,其实也是为人处世的基本原则。谦虚谨慎,向他人学习,本身就是尊重别人,承认别人,以这种态度对待周围的人,最终获益的还是自己,正如马克思所言:"你希望别人怎样对待自己,你就应该怎样对待别人。"

鲁迅

　　鲁迅(1881年—1936年),原名周树人,字豫才,少年读书时名周樟寿,浙江绍兴人。中国现代文学家、思想家和革命家。代表作:小说集《呐喊》《彷徨》,散文集《朝花夕拾》。1918年以"鲁迅"为笔名,发表中国史上第一篇白话小说《狂人日记》。鲁迅以笔为武器,战斗了一生,被誉为"民族魂"。毛泽东评价他是伟大的文学家、思想家和革命家,是中华文化革命的主将。

中国古代教育智慧

应天书院

应天书院位于河南省商丘市，为五代后晋时的商丘人杨悫所开办。北宋政权建立后，实行开科取士，百余名学子科举中第者竟多达五六十人，真宗大为嘉叹，宋大中祥符二年（1009年），正式赐额为"应天书院"。范仲淹来应天书院求学，后娶妻生子，在商丘落户，并担任应天书院掌学主教。宋仁宗景祐元年（1034年），应天书院改为府学，官府拨田十顷，充作学校经费，庆历三年（1043年）改为南京国子监，与东京开封和西京洛阳国子监同为当时的最高学府。

（五）

【原文】

圣人无常师①。孔子师郯子②、苌弘③、师襄④、老聃⑤。郯子之徒，其贤不及孔子。孔子曰：三人行，必有我师⑥。是故弟子不必⑦不如师，师不必贤于弟子，闻道有先后，术业有专攻⑧，如是而已。

【注释】

①圣人无常师：《论语·子张》："子贡曰'……夫子焉不学，而亦何常师之有？'"夫子，老师，指孔子。子贡说他何处不学，又为什么要有一定的老师呢。常，固定的。

②郯（tán）子：春秋时郯国（今山东郯城北）的国君，孔子曾向他请教过少皞（hào）氏（传说中古代帝王）时代的官职名称。

③苌（cháng）弘：东周敬王时的大夫，孔子曾向他请教古乐。

④师襄：春秋时鲁国的乐官，名襄，孔子曾向他学习弹琴。师，乐师。

⑤老聃（dān丹）：即老子，春秋时楚国人，思想家，道家学派创始人。孔子曾向他请教礼仪。

⑥三人行句：语本《论语·述而》："子曰：'三人行，必有我师焉。择其善者而从

之，其不善者而改之。'"

⑦不必：不一定。

⑧术业有专攻：学问和技艺上各自有专门的研究。攻，学习，研究。

【译文】

圣人没有固定的老师，孔子曾以郯子、苌宏、师襄、老聃为师。郯子这一类人，他们的品德才能当然赶不上孔子。孔子说："几个人走在一起，其中就一定有我的老师。"所以学生不一定不如老师，老师也不一定比学生强，知晓道理有先有后，技能学业各有专门研究，如此而已。

琼台书院

位于海口市琼山区，相传是后人为纪念海南第一才子、明朝大学士丘浚而建。始建于清朝康熙四十年（1705年），据传由于丘浚号琼台，人称琼台先生，故书院因此得名，现在是琼台师范学校的校址，过去是琼州的最高学府，是古代海南人士登科入仕的必经阶梯。著名的粤剧、琼剧《搜书院》的故事就发生在此。

【故事】

任末尊师爱友

任末，宁叔本，蜀郡繁（今属成都市新都区新繁镇）人，东汉学者和教育家。自幼勤奋好学，年轻时与当时的学者景鸾（宁汉伯，梓潼人）等去都城洛阳游学。他通晓《五经》，对西汉齐人辕固生所传《诗经》特别有研究，在洛阳教授生徒达十余年，其一生事迹感人至深。

任末十四岁时，学习没有固定的教师，常背着书箱，不怕路远和险阻到处求学。有时，他在树林里搭个小茅棚住下，白天，削树枝作笔，汲树汁当墨，晚上，就在星月的辉映下读书，遇

孔门问礼

《论语》中有一段记载，一次卫国公孙朝问子贡："孔子的学问是从哪里学的？"子贡回答说："古代圣人讲的道，就留在人们中间，贤人认识了它的大处，不贤的人认识它的小处；他们身上都有古代圣人之道。""夫子焉不学，而亦何常师之有？"（《论语·子张》）他随时随地向一切人学习，谁都可以是他的老师，所以说"何常师之有"。《论语》类似的记载有不少，如孔子入太庙，"每事问"（《论语·八佾》）；宰予白天睡觉，孔子说："始吾于人也，听其言而信其行；今吾于人也，听其言而观其行。于予与改是。"（《论语·公冶长》）子贡对孔子说，子贡自己只能"闻一而知二"，颜回却可以"闻一而知十"。孔子说："弗如也。吾与汝弗如也。"（《论语·公冶长》）都体现了这种精神。

上没有月亮的黑夜，他便点燃麻秆、蒿草之类取光。他刻苦读书，到了中、晚年仍坚持不懈。每有心得，便写在衣服上，以免忘掉。学生们钦佩他的勤学精神，便用洗净的衣服换取他写满字的衣服。他常说："人如果不学习，怎能有所成就呢？"

任末不仅刻苦好学，而且还以爱友尊师闻名。友人董奉德在洛阳病死，因家境贫寒，其亲人无力送棺木回老家埋葬，任末便用鹿车（古时一种独轮小车）载上棺木，亲自推着送回董奉德老家的祖墓。古代风俗，人死于异乡，不能归葬祖茔，对死者或死者家属，都是一件遗恨终身的大事。任末出于对朋友的至诚，不顾路途坎坷，栉风沐雨地推车送友人尸骨还乡，这是非常令人感佩的高行义举，被传为美谈。

后来，任末回到家乡，蜀郡守曾聘请他做管理全郡总务的功曹史，他称病未去。不久，他的老师亡故，他又不顾路途遥远前去奔丧，竟死在奔丧途中。临死前，任末告诉陪他同行的侄儿任造说："你一定要把我的尸体送到老师家门，如果人死后还有知觉，我为老师奔丧，尽了弟子的礼节，魂灵也不感到惭愧，如果死后没有知觉，把我埋在泥土里，我也满足了。"

任末尊师爱友的风范，对后世产生了良好的影响。晋代著名史学家常璩所著《华阳国志》的《先贤士女总赞》中，有"叔本慕仁"条。东晋文学家王嘉所著《拾遗记·后汉》又记载，任末临终时曾告诫学生们说"好学不倦的人，虽然死了犹如活着；不学无术的人，即使活着也只是行尸走肉罢了！"从此，"行尸走肉"便作为了一句成语，意思是可以走动的尸体，没有灵魂的肉体，多指不起作用的人，即活死人。也用以比喻庸碌无能、不求上进、无所作为、糊涂过日子的人。

师说、童心说的教育智慧

书院门（西安）

中国古代教育智慧

唐德宗

唐德宗(742年—805年),李适(kuò),唐肃宗的长孙、唐代宗的长子,母为睿真沈皇后。779年至805年在位。

(六)

【原文】

李氏子蟠①,年十七,好古文,六艺经传皆通习之②,不拘于时③,学于余。余嘉其能行古道,作《师说》以贻之。

【注释】

①李氏子蟠:李蟠(pán),唐德宗贞元十九年(803年)进士。

②六艺经传(zhuàn):六艺的经文和传文。六艺,指六经,即《诗》《书》《礼》《乐》《易》《春秋》六部儒家经典。经,六经本文。传,注解经典的著作。通:普遍,都。

③不拘于时:指没有受到时代风气的影响,不受时俗的限制,不以从师学习为耻。时,时俗,指当时士大夫中耻于从师的不良风气。

【译文】

李蟠,十七岁,爱好古文,《诗》《书》等六经经文及解释经文的著作都普遍地研习过,又不被耻学于师的习俗所约束,向我学习。我赞许他能实行古人从师学习的道理,特别写了这篇《师说》来赠给他。

【故事】

伟人尊师的故事

子贡辞行

孔子的学生子贡聪颖好学。一次,一个鲁国大夫在人前贬低孔子抬高子贡,子贡非常气愤,他当即以房子为喻,说老师的围墙高十数丈,屋内富丽堂皇,不是一般人看得到的,而自己不过只有肩高的围墙,一眼就可望尽。他还把老师孔子比作太阳和月亮,说他光彩照人,不是常人所能超越的。孔子死后,子贡悲痛万分,在孔子墓旁结庐而居,一直守墓六年。

宋朝时,岳飞的老师周同的力气很大,可以拉开三百斤的弓箭。当周同死了之后,每到初一、十五,岳飞一定到老师的墓前祭拜,并且痛哭一番,在痛哭后,必定会拿起老师所送的三百斤的弓发出三支箭才回去。他这份念念不忘师恩的真情,正如他日后精忠报国的忠心。

桓荣是汉明帝的老师,而明帝对老师一向非常尊敬。有一次明帝到太常府去,在那里放了老师的桌椅,就请老师坐在东边的方位,又将文武百官都叫来,当场行师生之礼,亲自拜桓荣为老师。明帝能放下自己尊贵的身份恭敬老师,可见他的用心与风范。

毛泽东是中国人民的伟大领袖,却始终尊敬自己的老师。1959年,毛泽东回到了阔别三十二年的故乡韶山,请韶山的老人们吃饭。他特意邀请自己在私塾读书的老师毛禹珠,并亲自把老师让在首席,向他敬酒,表达对老师的敬意。毛禹珠老先生说:"主席敬酒,岂敢岂敢!"毛泽东笑着回答:"敬老敬贤,应该应该!"

毛泽东青年时代听过徐特立先生的课。1937年,当徐特立六十寿辰时,他特意写信向徐老祝贺,信中说:"您是我二十年前的先生,您现在仍然是我的先生,将来必定还是我的先生。"

1952年2月,南开大学老校长张伯苓突然患脑血栓逝世,周恩来参加了治丧委员会并送了花圈,白色缎带上写着:"伯苓师千古,学生周恩来敬挽。"张伯苓逝世后,周恩来一直惦记着张家人的生活,1961年国家困难时期,周恩来给张伯苓夫人送去五百元钱,并嘱咐交际处要加倍关照张夫人和子女。

1959年春的一天,朱德在云南政治学校礼堂看戏。开演前,朱德正和身边观众谈话,这时,一位耄耋的老人由服务员引了进来,朱德一眼便认出这位老人原是自己早年在云南陆军讲武堂学习时的教官叶成林,急忙起身上前,立正敬礼,礼毕又紧紧握住老人的双手,亲切地呼唤:"叶老师!"然后请叶老入座,待老人坐定后他才坐下。

1957年8月1日,是中国人民解放军建军三十周年纪念日,这一天,彭德怀身穿便服,准备接见北京市部分中小学教师代表,工作人员提醒他说:"彭总,您是国防部长,应穿军服才好。"彭德怀说:"今天是去见老师,学

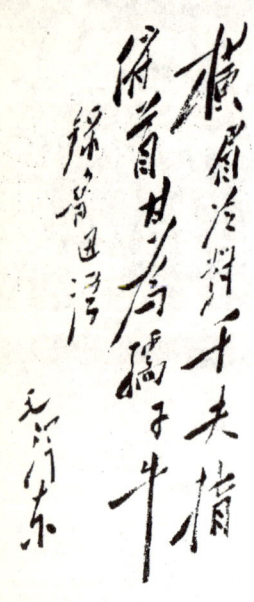

毛泽东书法

生见老师应穿便服。如今有些人受旧思想的影响，瞧不起中小学教师，我们应改变这种不良风气。"接见时彭德怀频频向老师们问好。

鲁迅对启蒙老师寿镜吾一直很尊敬。他十八岁到南京读书，每年放假回绍兴时，总要抽空看望寿先生。1902年至1909年，在东渡日本留学的八年间，他经常写信向寿老师汇报自己在异国的学习情况。一次，他奉母命从日本回绍兴办婚事，仅在家中停留了四天，但他仍在百忙中抽时间专程探望了年逾花甲的寿先生。鲁迅在日本还拜章太炎先生为师学文字学，章太炎先生逝世后，他连续撰文两篇纪念。

彭德怀

京剧大师梅兰芳也是一位丹青妙手，他曾拜著名画家齐白石为师，执弟子之礼。一次，梅兰芳应邀到朋友家做客，齐白石先生也来赴宴。但由于齐先生衣着寒酸，被冷落在一旁，梅兰芳一到，客厅里的人蜂拥上前，把他团团围住，握手寒暄。忽然，梅兰芳一眼看见齐白石先生，便急忙挤出人群，快步走到齐先生面前，一躬到底，恭恭敬敬地叫了一声"老师"，然后坐在老师下首，问寒问暖，敬菜敬酒，直至席终。齐白石深为感动。不久，齐老馈赠梅兰芳一幅《雪中送炭图》，并题诗曰："记得前朝享太平，布衣尊贵动公卿。如今沦落长安市，幸有梅郎识姓名。"

江泽民同志尽管工作很忙，但一直惦记着曾教育过自己的老师。1990年9月13日上午，江

中国古代教育智慧

梅兰芳与卓别林

泽民同志乘车到当年的母校——上海交通大学去看望老师,紧紧握住严竣教授的手说:"严老师您好!"并询问了教师们的身体状况、工作和生活情况。钟教授住院期间,他多次到医院看望。1995年,当汀泽民同志得知老师沈教授去世的消息,心情十分悲痛,当即请沈教授的妹妹转达他对老师家属的亲切慰问。汀泽民同志访美时,百忙中带着珍贵礼物,亲自登门去看望拜见他的老师顾教授及师母。

1903年,居里夫人发现了一种新的元素——镭,这一发现,震惊了全世界,居里夫人成了世界上第一个获得诺贝尔奖金的女科学家。她从而享有盛誉,博得了世人的敬仰,可她对她的老师仍然十分尊敬。

居里夫人的法语老师最大的愿望是重游她的出生地——法国北部的第厄普,可是她付不起由波兰到法国的一大笔旅费,回乡的希望总是很渺茫。居里夫人当时正好住在法国,她非常理解老师的心情,不但代付了老师的全部旅费,还邀请老师到家里做客。居里夫人的热情接待使老师感到像回到了自己家里一样。

1932年5月,华沙镭研究所建成,居里夫人回到祖国参加落成典礼,许多著名人物都簇拥在她的周围。典礼将要开始的时候,居里夫

师说、童心说的教育智慧

人忽然从主席台上跑下来，穿过捧着鲜花的人群，来到一位坐在轮椅上的老妇面前，深情地亲吻了她的双颊，亲自推着她走上了主席台，这位老妇就是居里夫人小时候的老师。在场的人都被这动人的情景所感动，热烈地鼓掌，老人也流下了热泪。

无论是政治家，文学家还是科学家，无论是古人还是今人，无论在中国还是西方，尊敬老师都是一个人所应该具备的品德。中国有句话说"一日为师，终身为父"，每一个人都应该终身尊敬自己的老师。

居里夫人

玛丽·居里（1867年—1934年），出生于波兰，法国物理学家、化学家，世界著名科学家，研究放射性现象，发现镭和钋两种放射性元素，一生两度获诺贝尔奖（分别是物理奖和化学奖）。作为杰出的科学家，居里夫人有一般科学家所没有的社会影响。作为成功女性的先驱，她激励了很多人。

《童心说》

第一部分 李贽的教育思想

师说、童心说的教育智慧

一、李贽生平简介

李贽

李贽（1527年—1602年），号卓吾，别号温陵居士，明朝福建泉州府晋江县人，回族。原姓林，名载贽，后改姓李，为避当朝皇帝朱载垕的讳，遂称李贽，是明代著名的思想家。主要生活和活动时期是嘉靖到万历年间，也是明代封建专制集权主义走向极端、理学教育占绝对统治地位的时期。

李贽二十六岁考中举人，三十岁被选任河南辉县教谕，二十年内历官礼部司务、南京刑部员外郎中等。五十岁任云南姚安府知府，五十四岁辞官，定居黄安。晚年著书讲学。由于激烈地抨击当时作为统治思想的程朱理学，大胆怀疑封建社会传统的教条，因而触怒了地主阶级当权派，屡次遭到迫害，最后自杀于狱中。遗世著作主要有《焚书》《续焚书》《藏书》《续藏书》等。

李贽出生的年代（嘉靖年间）是明朝正处于由强转衰的激烈变化中。李贽一生坎坷，备受磨难，因此练就了他坚强的性格。从他三十岁登上官场到五十四岁后弃官为民，可以说历尽了官场的磨难。辞官后，潜心修学，专事著述。他主张个性解放与自由，有人称他是反对封建专制主义启蒙运动的先驱。

李贽祖籍河南，元朝末年迁居到泉州。他的一世祖林闾，继承了先辈的积蓄，经常远

· 81 ·

李贽著作《四书评》

洋海外各国，是当时有名的大商人。他的二世祖林驽，不仅在国内从商，并且兼营海外贸易，也是泉州的巨商。洪武年中期，还受命于朝廷，出使忽鲁谟斯（今伊朗霍尔木兹），娶当地的色目女为妻，改信伊斯兰教。到三世祖林通衢的时候，明朝实行"海禁"，生意开始衰落。但他的高祖林易庵因为通晓"译语"，在天顺间曾奉命出使外国，曾祖林琛做过通事官。到李贽时，家族里从商者仍然很多，有的开纸店，有的经营米店、染坊或棉行诸业。祖父林义方和父亲林白斋两代也都是善于经商的穆斯林。

明代中后期，由于商业经济的发展，我国东南沿海地区出现了资本主义的萌芽。泉州是我国最早对外开放的重要港口之一，自唐、宋以来就与世界各国产生广泛的贸易往来和文化交流，各种宗教互相融合。李贽生长在这样一个特定的历史时期，独特的人文地理环境和商人家族的气息熏染了他，是他性情怪僻，厌恶管束，同情商人，主张"功利"，对封建专制表示强烈的不满，提倡个性解放等思想性格形成的一个缘故。

李贽六岁丧母，七岁跟随父亲读儒书，习礼仪，十二岁便能写文章，十四岁通览了《易》《礼》，改攻《尚书》，二十岁与黄氏结婚，不久便离开家乡，四处游历。也正因为此，他对当时明朝的政治腐败、社会矛盾、农民生活以及工商业者的状况有比较深刻的认

师说、童心说的教育智慧

识。经过十九年的寒窗苦读，二十六岁时，李贽中了举人，此后，他没有选择参加进士考试。嘉靖三十五年（1556年），李贽在"三十而立"之年，被任命为河南卫辉府共城（辉县旧称）教谕，迫于生活的压力，他只好放弃个人要求，服从委派，从此踏上了官场仕途。李贽虽然接受的是封建传统教育，但"自幼倔强难化"，强烈地反对封建礼教，于是他从跨入宦海的第一天开始，就抱着与世难容的态度——除履行公事之外就一门心思读书，探求学问。也正是这种思想性格，使他处处与上级官僚发生冲突，第一次上任就和县令发生了抵触。

李贽

嘉靖三十九年（1560年），李贽离开辉县，南下陪都，出任南京国子监博士。这个职位是一个掌管分经讲授的从八品小官，俸禄微薄，到任两个月后，李贽便因父亲去世停职回家奔丧守制。当时倭寇大肆侵扰我国东南沿海地区，李贽的家乡也深受其害，他日夜兼行，六月才回到家中。为了击退倭寇的猖狂进攻，李贽率领家人参加了泉州城保卫战，也从此看清了明王朝的腐败无能。嘉靖四十一年（1562年），李贽为父丧服期已满三年，而倭寇的患乱没有停止，无奈之下，他只好携家眷来到北京，安顿好家人之后，处境变得更加艰难，为了养家糊口，他当了十个多月的教师。

嘉靖四十三年（1564年），李贽补回了北京国子监博士的职位。没多久，家庭的不幸又

中国古代教育智慧

明嘉靖帝

明世宗（1507年—1566年），朱姓，名厚熜，1521—1566年在位，年号嘉靖，谥号"钦天履命英毅圣神宣文广武洪仁大孝肃皇帝"。嘉靖是一个颇具争议的皇帝，有人说他英明神武堪比朱元璋，也有人说他昏庸无能，痴迷于炼丹。但不能否认，嘉靖在他最初登基的几年确实是有所作为的，即便是后期常年痴于修道，也并没有完全不理会朝政。

接踵而来，先是身边的二儿子死去，接着又听到祖父在泉州病逝的消息，于是又请假回老家安葬老人。因经济窘迫，李贽回家途中不得不把妻子和三个女儿送到河南辉县。办完葬礼返回辉县的途中，再次听到噩耗，二女儿和三女儿由于饥荒相继死去。

这次，李贽携家眷从辉县回到北京后，补了礼部司务的缺。这是个比国子监博士待遇更低的穷差事，但李贽不在乎，为了研讨学问，他到处求师访友，把穷苦置之度外，通过礼部李逢阳等人的介绍，听泰州学派学者赵贞吉讲学，接触了王守仁的学说。李贽思想中的主观唯心因素，和这一时期受王守仁学说的影响是分不开的。可以一心研究王守仁派的学问，这是李贽从任礼部司务五年来最大的快乐。然而，他在官场中的处境却依然如故，不断和其他官员发生抵触，最终不得不离开都门，另谋职位。隆庆五年（1571年），李贽出任南京刑部员外郎。李贽在这里任官的五年间，由于四方文人云集的缘故，聚会讲学的风气极盛，李贽有机会在这里结交了一批名人学士，如南京著名的学者焦竑、湖北黄安的耿定理等人，并与他们成为挚友，在学术和生活上深得他们的指点和帮助。同时，李贽还见到了仰慕已久的王守仁的弟子王畿和泰州学派创始人王艮的再传弟子罗汝芳，李贽对他们推崇备至，王畿的良知说对他具有启发思想的作用。

万历二年（1574年），李贽在南京拜王艮

师说、童心说的教育智慧

的次子王襞为师，进一步接受泰州学派的思想，最后成为泰州学派的代表人物之一。他不仅继承了泰州学派的优良传统，而且进一步发挥了王艮关于"百姓日用之道"以及"淮南格物"的学说，认为"百姓日用之道"的"道"，就是吃饭穿衣等人们最基本的活动和要求。他说"穿衣吃饭即是人伦物理"，"道"的标准就是解决人们日常的物质生活需求。从哲学思想角度看，这个观点是一种粗俗的唯物论；从政治思想角度看，则具有反对封建等级特权、要求人人平等的愿望。

万历四年（1576年），李贽五十岁，经朋友的劝诲，开始研究佛教。他认为儒、释、道三教"不容异同"，可以合三者为一体。李贽承认佛教的主观唯心论，但又不守佛规，不受儒、佛的拘限，甚至将王守仁的"良知"说，佛教的"众生平等"和"众生皆能成佛"之说以及他本人反对封建伦理道德、反对封建社会不平等的思想融合成为一体，提出"天下无一人不生知，无一物不生知"的观点，主张人人平等，批判了儒家的封建等级思想。

万历五年（1577年），李贽被任命为云南姚安知府，品衔到了正四品。任职前，他把女儿和女婿留在黄安（今属湖北）耿定理家。李贽到黄安时，就有弃官留住的意思，但还是决定去赴职，临行前和耿定理约定："待吾三年满，收拾得正四品禄俸归来为居食计，即与先生同登斯岸矣。"

王艮

王艮（1483年－1541年），明朝哲学家，泰州学派的创立者，初名银，王守仁替他改名为艮，字汝止，号心斋，泰州安丰场（今江苏东台）人。出身于一个世代卤户（从事盐业生产）的家庭，七岁就读乡塾，十一岁因贫辍学，随父兄淋盐，十九岁起，多次到山东经商，曾一度习医。起初投入王守仁门下只为求生，后经王守仁点化转而治学，并创立传承阳明心学的泰州学派。

中国古代教育智慧

王阳明

王阳明（1472年—1529年），名守仁，字伯安，浙江余姚人，因被贬贵州时曾居住于阳明洞，世称阳明先生。是我国明代著名的哲学家、教育家、政治家和军事家，是朱熹后的另一位大儒，"心学"流派创始人。

万历八年（1580年）七月，李贽任知府三年期满，便毅然放弃加官晋级的机会，从此退出官场。李贽弃官之后，为了不受本府、本县公祖父母的管束，为了能拜访友朋、寻求知己，他宁愿四处漂泊。按照当年与耿定理的约定，在万历九年春抵达黄安，开始在耿家一面充当门客教授耿氏弟子，一面"手不敢释卷，笔不敢停挥"地著书，过着普通百姓的生活。

万历十年（1582年），李贽在黄安的耿家刻印苏辙的《老子解》，并在进一步研究《老子》的基础上，撰写《解老》二卷。从书中对一些问题的解释，可以看出他对于事物相互对立和相互转化的辩证关系有了比较明确的认识。

万历十二年（1584年）七月，耿定理去世。耿定理有位兄长叫耿定向，他对孔孟信条忠贞不渝，严守封建礼教，这与李贽的观点大相径庭；李贽反对以孔子的是非作为判断是非的标准，反对封建伦理道德，要求个性解放，李贽在黄安讲学时甚至破例招收女弟子，二人的观点水火难容。

万历十三年四月，耿定向又升为刑部左侍郎，公开挑衅李贽，李贽愤然离开耿家，寓居到麻城维摩庵，并将住在黄安的家眷送回福建泉州。第二年，李贽以大无畏的斗争精神，写了《答耿司寇》一文，对封建理学家耿定向等人的思想行为进行了揭露。他痛恨理学家的欺世盗名和虚伪行为，赞赏劳动人民和商人言行

师说、童心说的教育智慧

一致的真实可爱，从一个侧面反映出李贽已经脱离了封建阶级意识的束缚，站到新兴的市民阶层一边，并且还为商人大声疾呼，公开提倡"私有""谋利"，反对"无私"。在资本主义生产方式已经萌芽的16世纪后半叶，李贽的这些言论实际上是反映了新兴商人阶级反对封建专制压迫、要求独立发展的"图利"思想，这在当时是具有进步作用的。但他对理学的态度显然有些偏激。

李贽著述

万历十六年（1588年）初，李贽离开维摩庵，搬到麻城龙潭（今龙湖）芝佛院，全身心研读经书并著述。由于受不了当地的酷热，头发的气味又难闻，就剃了头发避暑。李贽剃发本是无意的，并没有当和尚的意思，可一些封建理学家竟把他看成"异端"。李贽对此毫不畏惧，反而站在"异端"的立场上，以哲学和历史学为阵地，同封建专制主义进行不妥协的斗争。同年夏天，李贽编纂的第一部著作《初潭集》问世，共计三十卷，以一种全新的眼光，抛开封建理学家庸俗的思维，重新评价历史人物与事件，给封建理学家以无情的讽刺和痛斥。李贽的三部大书，《说书》《焚书》《藏书》也是在这一年开始编辑的。

万历十八年（1590年）初，李贽编写成的诗文集《焚书》刻版问世，全书共计六卷，主要批判了宋代理学家周敦颐、程颢与程颐、张

中国古代教育智慧

周敦颐塑像

周敦颐（1017年—1073年），原名敦实（避英宗旧讳改敦颐），字茂叔，号濂溪，道州营道县（今湖南道县）人，北宋思想家、理学家、哲学家。晚年定居庐山莲花峰下，以家乡营道之水名"濂溪"命名堂前的小溪和书堂，故人称濂溪先生，元公是他的谥号。他与邵雍、张载、程颢、程颐并称为"北宋五子"。

载、朱熹等人的观点。书中还有与耿定向的书信七封，内容是李贽对耿定向严厉、尖锐的批判。六月，耿定向听说此事，认为是对自己的"诽谤"，急忙编撰出《求儆书》，由他的门徒，河南光山县人蔡毅中作序刊行，竭力攻击诬蔑李贽。

万历十九年，耿定向为了进一步迫害李贽，掩盖自己的真面目，一方面鼓动蔡毅中作《焚书辨》，反诬李贽是"流毒百世"，竭力维护封建道德；另一方面，不惜采用卑劣手段，趁李贽游览武昌黄鹤楼的机会，以"惑众"的罪名，雇佣流氓对他进行围攻和驱逐。李贽并没有因此而停止斗争，继续写了《读书乐》《豫约》等著作，回顾自己走入仕途后的种种遭遇，总结思想，抨击明朝的黑暗政治，强烈地表现出他的叛逆精神。

万历二十四年至二十五年，李贽应朋友之邀，出游了山西、北京等地，并在游途中完成《孙子参同》《净土诀》等著作。

万历二十六年（1598年）的初夏，李贽出游南京，与挚友焦竑等共同研读《周易》，并修订了自己的著作《藏书》。《藏书》共六十八卷，万历二十七年秋由焦竑主持在南京正式刊行，它是李贽经过多年的努力，精心编撰的一部历史人物传记著作，也是他一生精神所寄。全书分"世纪""列传"两部分，被传记的共计八百人，从上追溯到战国，下迄元末，都是按照自己的是非标准去评说古人，把程、朱等理学家摒弃在"德业"之外,褒贬人物独立思考,不盲从儒家教条,体现了他运用朴素辩证法研究历史的进步史观。李贽关于男女平等的思想见解在《藏书》中也有鲜明的表现。在南京,李贽还三次约见意大利传教士利玛窦并以诗相赠。

李贽故居内墙雕

万历二十八年(1600年)春,升为工部尚书兼右副都御史、总督河漕的刘东星,亲自到南京邀请李贽,李贽于三月底抵达山东济宁漕署。一到济宁,李贽便抓紧时间日夜著述,编成了《阳明先生道学钞》八卷。不久,他又返回湖北麻城。李贽的那些处处渗透着"叛逆"精神和"异端"思想的著作,在社会底层广为流传,深受群众欢迎,尤其是《藏书》的公开出版,但也激起了封建统治阶级对他的仇恨。

万历二十八年冬,李贽回到府城,当地的一些人趁机与官吏勾结,雇佣了一批流氓打手,以"维持风化"为幌子,在"逐游僧、毁淫寺"的口号下,气势汹汹地对李贽再次进行驱逐和迫害,拆毁了芝佛院,烧毁了他修的埋骨塔。李贽在他的学生杨定见的帮助下,逃往河南汝宁府商城黄蘖山。

万历二十九年(1601年)二月,在御史马经纶的陪同下,李贽到达通州马家,在那里完成了最后一部研究《周易》的哲学著作——《九正易因》。此时,李贽已七十五岁,身体每况愈下,经常卧床不起。万历三十年(1602年),李贽自知年老多病,且暮垂危,在二月

中国古代教育智慧

明万历帝

明神宗（1563年—1620年），朱翊钧，明穆宗长子，六岁时被立为太子，十岁即位，改年号万历。朱翊钧在位四十八年，是明朝在位时间最长的皇帝。万历前十年，大学士张居正辅助神宗处理政事，社会经济发展较好。神宗二十岁时，张居正逝世，神宗开始亲政，有一段时间勤于政务，后期因和文官集团的矛盾而罢朝。1620年，神宗逝世，传位太子朱常洛，死后葬于十三陵定陵。

初五日，提笔写下了《遗言》。

同年闰二月，礼科给事中张问达得知李贽已经移居通州的消息，专门上疏劾奏李贽，万历皇帝见到奏疏后，竟不问青红皂白，立即下令逮捕李贽。就这样，李贽从病床上被拉到了监狱。在牢狱的日子里，李贽照样作诗读书，《系中八绝》就是他留下的最后著作。三月十五日，李贽视死如归，趁侍者为他剃发的时候，夺刀自刎。李贽用自己的生命控诉了封建统治阶级对他的无辜迫害。

二、李贽的教育思想

李贽一生坚持反对封建专制主义、提倡个性解放，是明代中后期封建经济局部解体、资本主义生产方式萌芽在意识形态上的深刻反映。他所提出的疑经、非儒、反孔等观点，相对而言是进步的，也是合乎历史潮流的，对当时和后来都有一定的影响。但是，清代修定《明史》却没有为李贽立传，这也恰恰暴露了清朝政府竭力维护封建"正统"的顽固立场。

李贽这位明代历史上具有代表性的人物，对历代朝章典故、各地的人情物产、各种学术流派，都有过接触和研究，阅历广泛，学问渊博，著作丰富，除《焚书》《藏书》外，还有《续焚书》《续藏书》《史纲评要》《世说新语补》等，以及一些评论《水浒传》等文学艺术作品的论著。在泰州学派的传人中，最具有"异端"性格和叛逆精神的要数李贽，他被称为泰州后学中的"异端之龙"，因而被当时最高统治者视为"敢倡乱道，惑世诬民"的洪水猛兽。

李贽的叛逆性格主要体现在对宋明理学正统的批判上。他从"阳明心学"的一些基本原则出发，竭力反对宋明理学家的道德说教和神秘主义。他认为，宋明理学家所推崇的孔子已不是历史上真实的孔子，真实的孔子是人，而不是神；真实的孔子人人可学，而被宋明理学

李贽

《李贽年谱》

家神化了的孔圣人,则不可学,也不必学,因此,他竭力反对对孔子不切实际地迷信崇拜。对于儒家的那些典籍,李贽认为多半都不是出于那些圣人之口,因而并不能作为"万世之至论",而应根据这些话语的具体背景进行研究和分析,所以他坚决反对宋明理学家假借圣人的语言来治人的把戏,他称这些理学家为假道学和欺世盗名的人。

李贽杰出的哲学思想,不是表现在那些表面上酷似形而上学的著作里(如他讲解佛学的一些文章),而是藏在他提倡的社会思想的著作里。我们在他的社会平等说、个性自由说、个性解放说和他的文学评论里,很容易理解到他的进步性,我们看到他的历史人物评价的著作,也很容易理解他破除迷信的独到见解,如果不透过这些思想来领会他的哲学思想,就不容易找到重点或中心。首先,他的世界观和认识论的积极因素就隐藏在这些论断中,也就是他所讲的"自然之理""人伦物理""天道",自然"物情之势"以及"是非标准"论等等。

李贽的理论体系的积极方面是批判历史现实和社会现实的战斗精神,消极方面是受禅学的影响,但是他却颠倒了王守仁学派的"人人皆具良知、满街都是圣人"的说教。"人人皆可做圣人"的命题原是古代的传统,在王守仁那里,这个命题在于缝补社会矛盾,使神学在俗世中具有同一或统一的功用;而在李贽反封

师说、童心说的教育智慧

建的思想里，这个命题却扩大了社会的矛盾，用"恶德即善德"的推理方法，攻击着僧侣主义的说教。

李贽的思想在道德论的范同内，充满了平等、自由和尊重个性的精神。他认为人类天然平等，人的个性各有不同，人人都有自私的欲望，趋利避害人人皆同，吃饭穿衣就是人伦物理，享乐和正确理解的个人利益是合理的，李贽认为这些就是整个道德的基础。李贽思想中的这些基本观点具有反对封建等级、反对封建特权的战斗意义。

李贽著述

李贽首先阐述了关于人类平等的观点，这种思想是对王艮、何心隐思想的进一步挖掘。李贽认为"天下无一人不生知"，在"生知"这一点上，每一个人都是相同的，这是说人人生知，人人是佛，人即佛，佛即人，从道德来看，天下的人都是平等的。他指出人人在天性自然方面共同具备这种德性；尊德性，也就是指众人之所能为；率性而为，就是圣人之为没有什么了不起的地方，因此，尧、舜与百姓一样，圣人和凡人也一样。李贽把至尊无德性的宝座垫在常人的脚下，也就填平了尧舜与百姓之间、圣人与凡人之间的鸿沟。从这就可以看出，李贽所卫护的人的德性的平等和封建等级的不平等是对立的，具有对封建等级制批判的意义。

与"天下无一人不生知"的平等观连系着的是李贽的"物情不齐"的个性说。在人的

李贽

生理要求、物质欲望等方面,每一个人都是相同的,应该尊重这种要求、欲望,这就是"尊德性",但是在材力和好尚方面,每一个人都有不同的个性,应该发展这种个性,这就是"任物情"。"尊德性"与"任物情"二者应该结合起来,李贽认为,"物之不齐,物之情也"。圣人只能任自然的"不齐",不能"齐人之所不齐以归于齐"而反自然。一方面,自然万物性命各正,不可得同;另一方面,自然万物统体,不可得异。但在首出庶物这一点上,人人都是共同的。李贽说:"能尊德性,则圣人之能事毕矣。于是焉,或欲经世,或欲出世;或欲隐,或欲见;或刚或柔,或可或不可,固皆吾人不齐之物情,圣人且任之矣。"就是说,每个人可以自由地选择自己的生活道路和人生态度,"圣人"对于人们的不同爱好、心性、才情等只能"任之",而不能"强而齐之"。所以,他力主政府对人民追求其个性发展和自我价值之实现的活动应采取不干涉主义,推崇听由人民"自治"的"至人之治"。

对待各种不同的个性,李贽提出"因材""并育"的教育主张,使不同的个性都能得到发展,反对强制和束缚。他说:"就其力之所能为,与心之所欲为,势之所必为者以听之,则千万其人者,各得其千万人之心,千万其心者,各遂其千万人之欲。……是以虽有德之主,亦不免于政刑之用也。"希望社会能给予每个人通过个人奋斗追求幸福生活的平等权利。

李贽的这种"因材""并育"的主张，是对个性自由的呼唤，企图冲破封建社会礼教、政刑的束缚。他认为政治就在于因人而治，在于以人治人，就在于人人自治。李贽用"本诸身"的"君子之治"与"因乎人"的"至人之治"具体说明两种不同的政治情况。他反对"本诸身"的"君子之治"，也就是反对封建束缚，主张"因乎人"的"至人之治"，也就是主张自由解放。

李贽反对封建社会的"礼"，认为这种"礼"是外加的、人为的，是非礼，而真正的礼，应该由自然的"中"而出，"无蹊径可寻，无涂辙可由，无藩卫可守，无界量可限，无局鑰可启"，意思就是摒弃一切规范，撤掉一切樊篱，完全地自由自在。

为了自由、自治、解放，李贽唾弃封建社会的一切"教条禁约"和"礼"，这是他对封建政教礼俗的彻底破坏。他嘲弄圣贤先哲，赞扬寡妇卓文君的私奔等，这都是他反封建思想的具体表现。

在阶级社会里，尊重"生知"上的平等，尊重个性上的差异，讲求自然发展的结果，势必导致不同的前途，产生新的不平等，李贽在这方面显然同情自由竞争中的强者。富贵的强者，是上天赐予的，既然是上天赐予的，那就应该顺应天道，让他们发展成为富人。这种思

想的实质，归根到底是在推崇个人自由，反对封建生产关系的束缚，这是带有庸俗进化观点的思想，但在当时却具有进步意义。在工场手工业初步发展的时候，工场主出钱，工人出力，一家机户在拥有几十张织机的大规模生产状况下，李贽的因材思想实际上是为有产者剥削劳动者辩护的，"强者弱之归，众者寡之附"，他显然为陶朱、猗顿、程郑、卓王孙等富贵之辈增添气焰。

总之，李贽的平等观和个性说，维护私有，宣称人人在德性上的平等，他所提倡的这种平等原则是和封建等级的不平等相对立的，他宣传追求个人物质幸福的道德意义，宣扬个性的自由发展，顺应天道，这种个性发展、个性自由的原则又是和初步萌生的资本主义关系相适应的。但是，当资产阶级成为统治阶级，资本主义社会的矛盾进一步加深的时候，像李贽那样的功利主义的道德学说就失掉了它的进步性而成为替资本主义制度辩护的反动理论了。

综观李贽的思想，特别是他在道德论上，以人的物质生活作为整个道德的基础，以穿衣吃饭为"人伦物理"，强调满足人的最基本的自然要求，以功利作为正义明道的目标等，可以看出，李贽主观上试图对人、对社会做唯物主义的理解，试图把道德观、伦理学安放在唯物主义基础上，并以此反抗中世纪的神学。

由于历史条件和时代的局限，李贽虽然重

师说、童心说的教育智慧

视作为人类的人，不分凡人和圣人，但是他还没有完全达到哲学中的人本主义原则或人类学原则。他虽然把人性看作是自然的东西，但还不是试图以自然规律来解释历史、社会。另外，尽管李贽的社会思想和道德伦理学说并没有越出唯心主义的樊篱，但其中所包含着的反封建的战斗精神，想摆脱中世纪神学的倾向，从历史主义来看，是有价值的。

李贽的言论直截了当地扯下了道学家的假面具，沉重打击了封建统治者所御用的道学家的权威。这一举动震动了道学家，使他们心生胆怯，最终采取了卑劣的手段，对李贽疯狂地进行迫害、造谣、诽谤、恐吓等，他们诬蔑李贽妨碍风化，左道惑众，要把他驱逐出境，遣返回乡，甚至当李贽游武昌的时候，他们竟然无耻地利用一些流氓打手轰他、赶他。

李贽通过各种方式评价历史人物和历史事件，以表示自己的独立见解，著述是其中的一种方式，如在《藏书》中，他把秦始皇称为"千古一帝"，因为秦始皇开创了统一的局面；他一反道学家"饿死事小，失节事大"的野蛮教条，赞许寡妇卓文君的私奔不是"失身"而是"获身"，是合于人类"自然之性"的行为；他把农民起义的领袖陈胜和窦建德都列入了"世纪"，和历代帝王并列，称许陈胜是"匹夫首倡"；他借光武帝的话赞扬赤眉军的善举，不离散人家的夫妻；在张鲁传里采用《三国志》的注作为传的本文，记载了五斗米道在汉中近30年的统治情

况,说那时候"民夷便乐";屡次引用黄巢声讨统治阶级罪恶的檄文;否认历史上的正闰关系;一反历史学家的惯例,把南北朝的上限追溯到西晋灭亡之后,给中国北部的各族建立的国家以一定的历史地位;又称蒙古人建立的元朝为"华夷一统",称拓跋魏的孝文帝为"圣王";对少数民族的历史人物如刘渊、石勒等表露了同情之意……这些都是反对传统的夷夏对立的观点。另一方面,李贽对于反抗民族侵略、保卫国家的历史人物如宗泽、岳飞、虞允文、陈亮等,都给予了正面肯定的评价。

李贽在《藏书》里所表露的这些思想观点,具有着反对传统的阶级偏见,更具有重新审查被这些偏见所掩盖的历史的勇敢精神。

李贽在中国思想史中被称为"怪杰",自晚明以来曾引起许多哲人、文士极大的研究兴趣。在20世纪,无论是五四时期、新中国成立以后还是改革开放以来,他都曾成为思想界、学术界关注的热点人物。

事实上,今人对李贽思想的了解并不那么充分,还有许多地方并不十分清楚。譬如人们都知道李贽是一位怪杰,若要进一步追问他因为什么而成为怪杰,佛教中何种学理使他成为狂禅,李贽又因为什么以洁净为真为美,《童心说》的义理内涵到底是什么等等,便感到无处不充满了疑惑。正因为有疑惑,所以21世纪仍有许多学者在不懈地进行解惑、探秘。

师说、童心说的教育智慧

《童心说》是李贽公开讨伐假道学、假文学的一首檄文,有着很大的震撼力。

李贽所说的"童心",不但是其文学思想的核心,也是其人性论的集中体现,在其哲学思想中占有重要地位。但是,这种"童心"说的理论基础是什么呢?人们很容易把它与孟子"赤子之心"和"性善"说联系起来。从字面上看,这似乎很有道理,但实际上,二者之间却存在着不可调和的矛盾,若以此作为李贽"童心"说的理论基础,必然会把李贽自己的理论体系弄得支离破碎。所以,在探讨李贽"童心"说的理论基础前,先看看李贽的社会思想。以下是他的一些言论:

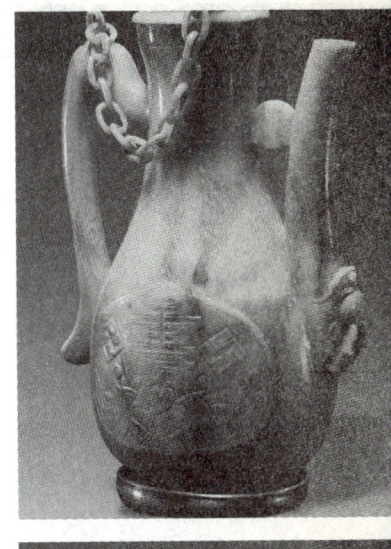

如好货,如好色,如勤学,如进取,如多积金宝,如多买田宅为子孙谋,博求风水为儿孙福荫,凡世间一切治生产业等事,皆其所共好而共习,共知而共言者,是真迩言也。(《答邓明府》)

夫唯以迩言为善,则凡非迩言者必不善。何者?以其非民之中,非民情之所欲,故以为不善,故以为恶耳。(《明灯道古录》)

"仁者"以天下之失所也而忧之,而汲汲焉欲贻之以得所之域。于是有德礼以格其心,有政刑以絷其四体,而人始大失所矣。夫天下之民物众矣,若必欲其皆如吾之条理,则天地亦且不能。是故寒能折胶,而不能折朝市之人;热能伏金,而不能伏竞奔之子。何也?富贵利达所以厚吾天生之五官,其势然也。是故

圣人顺之,顺之则安之矣。(《答耿中丞》)

由此可知,他肯定人的"好货""好色"等欲望和对"富贵利达"的追求,把这些作为"迩言""善",而反对以"德礼""刑政"对人的束缚。这也就意味着作为"童心"说的理论基础,绝不可能是与此相反的理论。

李贽的《童心说》把"童心"界定为"最初一念之本心"。然而,为什么对于"最初一念之本心"就应该珍视、保存呢?为什么失掉了"最初一念之本心"就不再成为"真人"了呢?其依据何在?在《童心说》中对此全无论证。那么,在中国文化遗产中,是否已有人对此作过论证,以致李贽已不必论证了呢?其实,在中国文化遗产中很难找到这样的依据,与此相反的观点却俯拾皆是。

众所周知,在古代中国,人性的问题一直是引人瞩目的极为复杂的论题。作为人性论的主流,是儒家的学说,其中又可大致分为主张"性恶"和主张"性善"两大派别。荀子主张"性恶",由此而提倡后天的礼义教化,所以若以他的理论为依据,"最初一念之本心"正是最要不得的。孟子主张"性善",似乎可以作为珍视"最初一念之本心"的依据,但孟子在与告子争论人性问题时,已经对告子所主张的"食色,性也"的理论作了严厉批判,只把符合儒家所提倡的伦理观念作为人性的内涵,换句话说,对于"食色"的要求——当然包括与此同类的物质性的生活欲望,却不包括"性"。后来的程朱理学之所以在崇奉孟子的同时又大讲"存天理,灭人欲",也就是因为他们把"人欲"都排斥在"性"之外,而只把符合儒家伦理的那些观念作为"天理"的体现,而这原是与孟子的人性论一致的,至多只是对孟子的理论作了一些引申。也正因如此,若以孟子的"性善"说作为倡导"最初一念之本心"的依据,那就只能把"最初一念之本心"限制在儒家伦理学说所许可的范围之内。

因为"最初一念之本心"原是含糊的说法,它可以有两种含义:一种是婴儿从无知进入有知时的"最初一念之本心",但那是迄今为止谁也说不清的,所以既可以说这种行为是符合"最初一念之本心"的,也可以说它是违反"最初一念之本心"的,其结果就是大家都随心所欲地阐释"最初一念之本心";另一种是人在遇到每件事情时的"最初一念之本心",例如一个饥饿的人看到了食物,而当时环境又给偷窃或抢夺以充分机会的时候,他最初很可能萌发偷窃或抢夺的想法,后来或许考虑到道德的要求,或许是因为害怕这种行为可能引起的严重后果,改变了原先的念头,那么,这样的"最初一念之本心"是否都应珍视或保持呢?这就必然因不同的伦理观而有不同的回答。

李贽若以孟子的"性善"说为依据,也就不能从原则上肯定后一种含义的"最初一念之

中国古代教育智慧

孟子

孟子（前372年—前289年），山东邹城人，名轲，字子舆，又字子车、子居，战国时期儒家代表人物之一，著有《孟子》一书，属语录体散文集。孟子继承并发扬了孔子的思想，成为仅次于孔子的一代儒家宗师，有"亚圣"之称，与孔子并称为"孔孟"。

本心"，而只能肯定前一种含义的"最初一念之本心"，并把"好货、好色"等欲望全都排斥在这种"最初一念之本心"之外。因为按照孟子的理论，"食色"原不属于"人性"的范畴，但李贽的肯定"童心"与肯定"好货、好色"等欲望是不可分割地联系在一起的，若将其"童心"说置于这样的理论基础之上，就反而成为否定"好货、好色"等欲望的依据了。人们可以说，"好货、好色"等欲望是不属于"最初一念之本心"的，坚持这种欲望的人失去了"最初一念之本心"，不是"真人"了。因此，假如考虑到李贽自己的理论体系，孟子"性善"说也显然不能作为提供"童心"的依据。

倘若仔细查究，李贽这种理论的依据其实是禅宗学说，比如"生知""空不用空，终不能空"等。分析如下：

与性善及性恶说相反，李贽强调了人性的自然认识能力，这是一种与生俱来的、自然天赋的本能。他说："天下无一人不生知，无一物不生知，亦无一刻不生知者。但自不如耳。"他所说的"生知"，意味着对万事万物产生觉悟、真知，而这种真知，意味着对宇宙的透彻认识。

从表而上看来，他的这种理论与王阳明的"良知"之说相一致。但王阳明的"良知"说是说人具有天然的趋向于善的能力，也就是所谓"见父自然知孝，见兄自然知弟"，其根

师说、童心说的教育智慧

本却是孟子的"性善"说。这样，王阳明的学说虽然废除了后天的修养，但仍以儒家的道德为准绳。而李贽在这里所说的"生知"乃是"人""物"所共同具有的，所以，那不是王阳明说的只适用于人类的"良知"说，而是佛家之说。佛家主张"众生平等""众生皆具佛性"，在此前提下，才能认同"天下无一人不生知，无一物不生知"。

不仅如此，他还从"众生皆具佛性"进而引申为人性，也就是佛性："且既自谓不能成佛矣，亦可自谓此生不能成人乎？……既成人矣，又何佛不成，而更等待他日乎？天下宁有人外之佛、佛外之人乎？"这就是说，只要是人，具有人性，就可以成佛。而且，从"既成人矣，又何佛不成"等语可知，"佛性"在人的身上是自然出现、自然成长的，因而只要自然地按照人的本能要求去做就行，根本不必管这种本能要求是否符合"闻见道理"和"孝悌"等要求，也不必按照某种规范去修持。他的这种否定修持的主张，不能不使人想起禅宗史上一个著名的故事：南宗六祖惠能针对北宗六祖神秀"身是菩提树，心如明镜台，时时勤拂拭，莫使有尘埃"的偈语，作了另一首偈语"菩提本非树，明镜亦非台，本来无一物，何处染尘埃？"因为本来就无处"染尘埃"，所以也就用不着"拂拭"。因为本来就空无一物，所以就不需要任何道德规范，也就不存在人的言行是否符合道德规范的问题了，只要保

金佛像

书卷观音

持了"最初一念之本心",也就保持了佛性。

但是,他所说的"佛"并不是脱离了世俗事务的、出世的佛,而是人世的、能够帮助人解决各种世俗事务上的困难,也就是能使人的世俗生活更为顺畅的佛。他说:"……若必待仕宦婚嫁事毕然后学佛,则是成佛必待无事,是事有碍于佛也。有事未得作佛,是佛无益于事也。佛无益于事,成佛何为乎?事有碍于佛,佛亦不中用矣,岂不深可笑哉!才等待,便千万亿劫,可畏也夫!"很明显,此处所谓的"事有碍于佛""佛无益于事",都是他所反对的观点。而尤其值得注意的是,这里所说的"事"包括"仕宦婚嫁"之类的俗事在内,这也就意味着"仕宦婚嫁"等事不但不与"佛"相对立,而且学"佛"还对经营"仕宦婚嫁"等事有益。由此可见,李贽宣扬的"佛"并不是通常意义上的佛,而是确切意义上的脱离世俗欲望的"佛",是与俗欲相得益彰的"佛"。就其本质来说,这样的"佛"与当时市民心目中的能带给人妻、财、子、禄的"佛"(是以市民不断地向"佛"求妻、求财、求子、求禄以致寺庙香火鼎盛)并没有什么不同。当然,李贽说的学"佛"有益于经营"仕宦婚嫁"等事,与当时一般市民认为佛能赐人妻、财、子、禄的想法在具体内容上是不同的,但在本质上却都是把摒弃世俗欲望的佛转化成了有利于世俗欲望的"佛"。

因此,如果把李贽倡导的"童心"之"最

师说、童心说的教育智慧

初一念之本心"和他的这些关于佛家的理论联系起来,我们就可以明白:"童心"之所以可贵,就在于人性本是佛性,而且时时刻刻都在"生知"的。既然如此,只要时时刻刻保持人性——"最初一念之本心",即"童心",也就足够了,用不着再去学习外在的"闻见道理"了,并且"佛性"本来与"仕宦婚嫁"等事并不冲突。所以,在以自然的"佛性"来证明"童心"之可贵的同时,也仍然可以理直气壮地把"童心"与"好货""好色"等欲望合二而一,而若以"良知"来阐释"童心",就必然与这些欲望相冲突。

花瓶画:乐融融

在这里必须说明的是,在李贽看来,既然外在的"闻见道理"不但不必学,而且学了反而有害,那么,他为什么又主张"学佛"呢?这是不是也在主张学习外在的"闻见道理"呢?不是的,佛家以"悟空"为认识的最高境界,而李贽认为,只要一切任其自然,就是符合了佛家所谓的"空"的原则。他说:"所谓'空不用空'者,谓太虚空之性,本非人之所能空也。若人能空之,则不得谓之太虚空矣;有何奇妙而欲学者专以见性为极则邪!所谓'终不能空'者,谓若容得一毫人力,便是塞了一分真空;塞了一分真空,便是染了一点尘垢。此一点尘垢便是千劫系驴之橛,永不能出离矣。可不畏乎!"(《焚书·答邓石阳》)"夫使空而可为,又安得谓之真空哉?纵然为得空来,亦即是掘地出土之空,如

今人所共见太虚空耳,与真空总无交涉也。"(《焚书·解经文》)

在这两段话中,他清楚地说明了所谓"太虚空""真空"不是"人之所能空",若有"一毫人力",反而阻挡了达到觉悟"真空"的状态。因为"太虚"的本性就是"空",并不是以人力来使得它空的。再说,一旦以其他人为的手段来求觉悟的话,天赋的本性就无法体现出来。从这里,我们就可以理解李贽所说的"学佛"绝不是要人们去学外在的"闻见道理",而是要人从外在的"闻见道理"中解脱出来,从而达到一切任其自然的境界。所以,李贽这两段话不但使我们明白他所谓"学佛"的真意,更是对理学的批判。晚明时的许多理学家,都将学道见性——"通过静坐排除欲望,以见真性"——奉为学道的最高境界。李贽之所以采用"空不用空""终不能空"等佛教的境界来反对"容得一毫人力"的修养,就是提倡一种自然的人生态度,反对以后天的道德、法律来限制人的行为。因为,在李贽看来,人的欲望与"人性"是一致的,所以,他不但主张穿衣吃饭就是人伦物理,而且认为"好货""好色"等欲望都是善的。而理学家则是主张克制乃至消除"人欲",这就违背了自然,堵塞了真空,也就违反了人性。

总之,李贽倡导秉持"童心",其实是基于这样的思路:人只要能保持人性,自然能认识真理,用不着去学习外在的"闻见道理",

李贽故居

师说、童心说的教育智慧

受它们的束缚，否则就会失去人性。这也就意味着他所提供的是自然人性，也就是从人的自然属性出发的欲望、要求、情感等。而这种从人的自然属性出发的欲望、要求、情感等，在人的童年时期体现的最为充分，这也就是李贽特别强调"童心"，并在《童心说》中作出如下论述的原因，"夫童心者，绝假纯真、最初一念之本心也。若失却童心，便失却真心；失却真心，便失却真人。人而非真，全不复有初矣。……然童心胡然而遽失也？盖方其始生，有闻见从耳目而入而以为主于其内，而童心失；其长也，有道理从闻见而入而以为主于其内，而童心失。"

广东潮州跨江大桥

需要注意的是，李贽虽然运用了佛家之说，但也有许多违背佛家理论的地方。第一，佛家只是主张众生皆具佛性，而并不主张人性就是佛性。而李贽主张"人外无佛""佛外无人"，这种观点是对佛家这种说法的修正。第二，佛家本来是要摒弃世俗欲望的，李贽却说学"佛"有助于经营"仕宦婚嫁"之类的事务，从而把佛与世俗欲望调和起来，这更是对佛家之说的篡改。第三，佛家主张的"空"，主要内容之一是要破除"我执"，破除了"我执"，也就不会去追求自我欲望的满足了。李贽却把这种关于"空"的理论改变为纯任自然。而即使针对儿童来说，纯任自然也必然使个性越来越发展，主体意识越来越强烈，对

明清青花盘

欲望的追求越来越自觉，这就与佛家要求破除"我执"背道而驰了。

因此，我们固然不妨说李贽"童心"说的主要理论依据是佛家之说，更确切地说，"童心"说的理论基础是经过李贽改造了的佛家之说。而在他的这种改造工作中，其中对自然的强调，又与王阳明的"心自然能知"之说和道家的主张自然无为的理论存在相通之处。不过王阳明说的"心自然能知"，是指心能自然地产生符合孝悌等道德规范的意识；道家所说的自然无为则是要使人回到最朴素的生活，而李贽的强调自然，则是主张顺应普通人的自然要求，使物质生活与精神生活愈加丰富。所以，他对儒、释、道三家之说都有所汲取，但也都有所剔除，以他自己的观点为主，重新进行了加工组合。

李贽之所以以佛家理论为主干来构造自己的哲学，一方面是因为佛家思想（特别是禅宗南派的废除修持之说）易于被改造得与李贽的人性论和社会思想相一致，另一方面也是因为佛家思想在士大夫中远不如儒家思想那样家喻户晓。换句话说，在李贽的时代，士大夫中真正懂得佛家真髓的很少，无论李贽怎样把它改造、理解成远离佛家学说的意义，在士大夫中也未必会有人发觉这一点从而对其加以批判，实际情况也正是如此。李贽生前和死后都受过不少批判，但却没有见到以严格的佛家理论为依据来批判他歪曲佛家的说法。

第二部分 《童心说》释教育智慧

概　说

童趣

　　《童心说》是《焚书》卷三里的一篇杂论，主要揭露了道学及其教育的反动性和虚伪性，阐明了李贽读书作文的教育观，洋溢着自由主义教育，反对封建教育的桎梏，追求个性自由和解放的精神。

　　关于李贽的"童心"说，普遍解释如下："童心"就是真心，就是洗清了封建伦常教条束缚和蒙蔽的"最初一念之本心"，是出于人的自然本性的真情实感，是与封建的"天理"对立的"人欲"，即人生存发展的自然要求，也就是他所肯定的"穿衣吃饭""好货""好色"，就是要把人从封建伦理束缚中解放出来，这种思想具有一定的人本主义色彩。

　　李贽的"童心"，其实是新儒家学者先天性善论的继承和发挥。他说，所谓"童心"就是"绝假纯真最初一念之本心"，这种"本心"是最纯洁的，未受一切污染的，因而也是最完美的、最具一切美好的可能性的。"童子者，人之初也；童心者，心之初也。"实际上就是人的个性和主体价值的自觉。如果丧失了这种自觉的"本心"，那么，人就失去了个体价值，人就不再能以一个真实的主体而存在，"若失却童心，便失却真心；失却真心，便失却真人。人而非真，全不复有初矣。"

　　而道学及其教育却使人的这种纯洁"童

心"丧失殆尽,丧失人的真实存在的价值。《童心说》说:"盖方其始也,有闻见从耳目而入,而以为主于其内而童心失。其长也,有道理从闻见而入,而以为主于其内而童心失。其久也,道理闻见日以益多,则所知所觉日以益广,于是焉又知美名之可好也,而务欲以扬之而童心失;知不美之名之可丑也,而务欲以掩之而童心失。夫道理闻见,皆自多读书识义理而来也。"就是说,正值童年时,人通过耳目得到了视听的信息,这些信息往往就会取代"童心"的位置。当人长大后,有很多道理从视听信息的积累中逐步形成,这些道理又会取代童心的位置。这样长期发展下来,随着成年人的各式仁义道德和各种信息量日益增多,所谓见识也就日益增多。于是又增加了追逐美名的欲望,而追逐美名的欲望必然取代"童心";同时成人又懂得不好的名声是可卑的,于是便想方设法来掩饰自己的丑行,童心又必然丧失很多;这些道理见识,大都是从多读书、多明白仁义道德而得来的。

总之,由于道学的教育,闻见、道理、名誉等的刺激引诱,使人失掉其本来的善良本性,从而失去为善的内在根据。反过来说,只有断绝道学教育所灌输的闻见、道理等,才能保证"纯真无伪,最初一念之本心"。而所谓闻

师说、童心说的教育智慧

见、道理都来自圣贤之书,也就是程朱义理。"多读书识义理",使仁义道德的说教由耳目闻见贯穿于身心之中,取代了"童心",使人们的语言、行为都变得虚伪,"欲求一句有德之言,卒不可得"。想由"多读书识义理"的途径达到"非内含以章美,非笃实生辉光",只能适得其反。

正是这些圣贤之书所传播的"闻见道理"阻碍人的"童心",使人"发而为言语,则言语不由衷;见而为政事,则政事无根柢;著而为文辞,则文辞不能达"。正是道学教育败坏人才,败坏政事,败坏社会风气,造成一派虚假,所以,"盖其人既假,则无所不假矣。由是而以假言与假人言,则假人喜;以假事与假人道,则假人喜;以假文与假人谈,则假人喜。无所不假,则无所不喜。满场是假,矮人何辩也!然则虽有天下之至文,其湮灭于假人而不尽见于后世者,又岂少哉?"

总之,道学教育使人丧失自然淳朴真挚的"童心",道学家们都是一伙"失却真心",专门说假话、做假事、写假文的"个人",他们把社会变成了"无所不假"的欺诈场所。

一、教育内容

（一）童心与私心

《童心说》中提到："夫童心者，绝假纯真，最初一念之本心也。"李贽对于"心"的关注，源于将心作为自立自足本体的心学的影响。但说到心学的内涵本质，则更多地体现了禅宗和道家思想的影响。

这里的"最初一念之本心"，既有禅宗"明心见性，了悟本心"的痕迹，又受到道家见素抱朴思想的启发。然而，李贽思想的特殊之处在于他对前代的思想资源有选择性地吸收和发展，这些思想资源与他自己的人生思考相结合而发展成了李贽的哲学和文学思想。那些被吸收的思想，既是构造他思想体系的材料来源，也为他的思想体系服务。

李贽所处的晚明时代，封建社会的经济结构已经开始出现了资本主义萌芽，市民阶层的崛起成为了不可忽视和回避的社会事实。传统宗法社会强调和提倡的个人对群体、个人欲求对伦理的服从原则已经开始受到置疑，人们对个人情感和欲求、个体地位和价值的关注与思考，使他们在面对宋明理学"存天理，灭人欲"的信条时产生了怀疑和反抗的想法。在这样的时代背景下，李贽结合自己的知识结构和人生体验，对于个人和社会、个人情感欲求和伦理之间的关系，做了新的思考。对中国传统文化所重视的伦理，他做了新的诠释：

穿衣吃饭就是人伦物理……世间种种，皆衣与饭耳。故举衣与饭，而世间种种自然在其中，非衣饭之外，更有所谓种种绝与百姓不同者也。（《焚书》卷一《答邓石阳》）

将人赖以生存下去的穿衣吃饭的合理物质欲望同所谓的"人伦物理"统一起来，为肯定个人天然的物质欲望和情感需要找到了基础。在此基础上，他提出了"私心"的概念：

夫私心者，人之心也，人心有私，而后其心乃见；若无私，则无心矣。如服田者，私其秋之获，而后治田必力；居家者，私积仓之获，而后治家必力；为学者，私其进取之获，而后举业之治必力；故官人而不私以禄，则虽招之心不来矣；苟无高爵，则虽劝之必不至矣。虽有孔子之圣，苟无司冠之任，相事之摄，必不能一日安于鲁也，决矣！此自然之理，必至之符，非可以架空而臆说也。然则为无私之说也，皆画饼之谈，观场之见，但令隔壁好听，不管脚跟虚实，无益于事，只乱聪耳，不足采也。（《藏书》卷三十二《德业儒臣后论》）

在这段话中，李贽把私心看作人的天性本原，认为个人的基本欲求得到满足是他进行其他道德伦理活动的前提。于是，李贽对

龙凤呈祥盘

于"心"的认识就由心学的"儒家之理的'良心'转变为肯定人欲的'童心'"了。李贽认为,只有在人的基本物质欲求得到满足的前提下,人才可能以真诚、真实的态度对待和处理各种事务。在他的观念体系中,"私心"是真心的前提和基础,这种思路一直延伸到了高举"童心"和"真心"的童心说中。"最初一念之本心"的"最初",指向了李贽心目中人的天性本原,也就是他的"穿衣吃饭",即个人的基本欲求。童心说思想所强调的"童心"是个体之心,也就是私心。对于私心的强调,赋予了童心说以现实基础,是童心说思想超越性的重要表现。

(二)强调私心

童心说思想是对个体之心和私心的强调,它是对市民阶层的"人欲"的肯定,具有个性解放的色彩。

童心说中的"童心",就其现实本原而言,是指人的个体之心、私心。明代中叶以来,市民阶层的壮大和文化要求的提出,使人们开始关注自我价值,并对个人欲望的合理性产生了新的认识。心学泰州学派中与李贽关系紧密的颜山农认为:"人之好贪财色,皆自性生,其一时之所为,实天机之发,不可壅阏之。"李贽作为具有"异端"气质的知识分子,对人的私心、私欲的合理性更是进行了本体意义上的思考和论述,将私心提升到自然天理的高度。这种提升也是他对个人同社会、心理同伦理的关系进行考察的理论基点。李贽在他的童心说中显示了他对个人独立价值的关注和对个人作为主体地位的重视，他把"童心"（也就是"私心""个体之心"）作为童心说思想的理论起点，认为只有保持"童心""真心"才能成为"真人"，创作出"真"文，"若夫失却童心，便失却真心；失却真心，便失却真人。人而非真，全不复有初矣。"

可见，李贽把源自人的自然天性的私心看作人成为合格的"真人"和进行主体实践所必须具备的条件，秉承"童心"即为"真人"。而人作为个体，具有来自他自身存在及其欲望合理性的独立价值，这种价值不依附于社会价值和群体价值而存在，是独立自主的，是应该受到尊重的。沿着这样的理学思路，人对自身的情感欲望合理性的认识就发展为对个人自我意识的关注，主体意识也就开始萌生了。童心说思想对于私心、个体之心地位和价值的肯定，导致了李贽对人作为主体的重要地位的认识。李贽的"童心"概念对公安三袁的"性灵"理论的启发，就源于这种对于个人自我价值和性情自然之真的追寻。

（三）"童心"与真情

童心说思想在肯定了私心价值的同时，也强调了情感和情感真实的重要性。"夫童心者，真心也；若以童心为不可，是以真心为不可也。夫童心者，绝假纯真，最初一念之本心

中国古代教育智慧

也。若夫失却童心，便失却真心；失却真心，便失却真人。人而非真，全不复有初矣。"如前所述，童心说的重要内涵之一是情感表达的真实无伪。深受"法天贵真"主张和反对文明对人的异化的道家思想影响的李贽，认为他的"童心"就是"真心"。"童心"的第一层意义是人心的本真自然状态，"童心"的"心"是指人的心理结构，是包含了知、情、意在内的整体。"童心"的基本内涵之一就在于它要表达一种原初的情感状态，既有认识的，也有情感的因素包含在里面。因此，童心说强调"童心"是"真心"，人心以"真"为根本，这个"真"包含了真实、真诚双重含义：思想和情感内容的真实；情感表达和主观态度的真诚。所以说，童心说在情感真实和真诚方面强调的意义非常重大。

　　童心说在逻辑上体现了"真——真心——真情"的演进线索。它以"童心""真心"为出发点，强调"绝假纯真"的"真心"的可贵，认为"真心"是成为或者作为"真人"所必备的条件，而李贽的其他思想几乎都是围绕童心的"真"的本质内核展开的。和"真"要求的"绝假纯真"相对的是"矫强"，它指后天社会伦理教育影响人的道德意识，使其偏离或违背人心中最初的自然真实状态，再通过人工的矫饰和强迫来使人的思想和情感的表达符合社会伦理价值规范。针对这种情况，李贽指出：

盖声之来,发乎情性,由乎自然,是可以牵合矫强而致乎?故自然发于情性,则自然止乎礼义,非情性之外复有礼义可止也。惟矫强乃失之,故以自然之为美耳,又非于情性之外复有所谓自然而然也。(《焚书》卷三《读律肤说》)

"情性"是"声",也就是思想、情感表达的根本,情感的表达应该基于人的自然情性,而不是礼义,真实情感的表达本身就是一种"自然之美",于是,"童心"的"真心"内涵就进一步具体化为"真情"。在此基础上童心说进一步明确了人的自然情感以及情感真实的重要性。童心说思想以"真心"、"真情"为基础,认为只有拥有"真心"的人才是"真人",而"真人"就要表达自己的"真情"。表达"真情"的"真人"所创作出的才是"至文",以"至文"为标准,李贽提倡自然天成的"化工",反对人为矫饰的"画工",体现了对文学作品认识的进一步深化。

中国古代教育智慧

瓶画：舞龙

二、教育理念

（一）对道心的超越

童心说中"童心"的"私心"和"个体之心"的本质，体现了童心说思想在个人和社会、个人欲望和社会伦理关系上的超越性特征，也就是私心对道心的超越。

童心说思想在个人和社会及伦理关系中强调个人的力量，显示出了个人与社会和谐关系的断裂倾向，体现出了一种近代色彩。中国古代是"以血缘宗法纽带为特色，农业家庭小生产为基础的社会生活和社会结构"，在这样的社会结构中，血缘根基的强大力量将人连在一起，按照君臣、父子、夫妇的模式结成一个有机整体。个人从属于社会或群体，即这个人所属的家庭、宗族、阶层，个人的概念并不清晰，社会或群体的价值高于个人的价值，个人的思想和欲望必须服从于社会和群体的利益和规范。

随着儒家思想体系发展到理学阶段，"心"被划分为"道心"和"人心"。"道心"指人的道德意识和伦理价值观念，"人心"则指人的各种情感欲望，"人心"要服从于"道心"，个人的情感欲望应服从于社会的伦理道德的要求，"存天理，灭人欲"就是这种观念的产物。当历史进入封建社会的晚期，新的经济因素和社会因素提出了自己的精神文化要求，个人的情感欲望"人心"或者说"私心"，就需要努力地挣脱出"道心"的控制范围。李贽的童心说反映的就是"私心"对"道心"的反抗和胜利。在童心说思想中，代表个人情感欲望的"私心"被赋予了合理的地位，而代表血缘宗法社会的伦理价值的"道心"则被颠覆了，个人与社会之间出现了严重的矛盾。童心说强调了其中的一极——个人的"私心"，个人和社会的和谐关系被置疑，甚至被打破，从而产生了断裂。而和谐的本质特征是"把主体与客体、人与自然、个性与社会、必然与自由等构成的诸元素，和谐、均衡、稳定、有序地组成一个统一整体"。在这个意义上，童心说凭借个人与社会关系中对个体私心欲望和主体价值的强调和坚持，实现了对"道心"的超越。童心说思想对于"私心"，即个人情感欲望的强调，是对市民阶层的"人欲"的肯定，在一定程度上激发了个人主体意识的觉醒。

（二）对伦理的超越

童心说以"真心"为出发点，重视人的天性情感在文学创作中的作用，认为只有源于人的内心的真实情感并将这种情感真实无伪地表现出来的文学艺术作品，才是合格的、优秀的文学作品，反之，则"假人言假言，而事假事，文假文乎，盖其人既假，则无所不假矣。"

凡是涉及情和理（即情感与理智）或者伦理之间的关系时，情感的表达常常要遵循理

中国古代教育智慧

龙纹花瓶

智或礼仪的要求,强调二者均衡的中和之美。早在春秋时期,吴公子季札注意中和的特点,提出了"乐而不淫""怨而不言""哀而不愁"等观点,他注重"情性"的适度,讲求对立统一的和谐。这些观点,又为孔子所接受。在评论《关雎》一诗时,他就主张"乐而不淫,哀而不伤",要求对文艺的情感表达约以礼法,做到"中和""发乎情,止乎礼义",以理智或礼法伦理来控制情感,而反对在文学艺术创作中自由地、充分地表现情感。

在古代,情感要受到儒家伦理观念的约束,一切情感表达都要遵循伦理以及内化的伦理意识(理智)的要求。而李贽的童心说却明确对这一涉及情感的中和的理想提出了质疑和否定,要求创作主体坚持从人的天性自然的"真性情"出发,保有"真心",做"真人",将内心的真实情感真诚无伪地表现在文艺作品中,创造出真正的"至文"。

童心说对于真实情感和情感的真实表现之提倡,是它第一次明确地反抗儒家诗学的中和传统,突破了情感与伦理(理智)的和谐关系,走向了情理对立的近代崇高形态。童心说从人的天性自然和主体价值出发,以情感的本体性去反对伦理,重视和强调情感在创作主体心理过程中的作用,体现了情感对伦理的超越,从而也显示出了近代启蒙思想的色彩。

童心说以"童心"为核心概念,强调童心的价值,实现了私心对道心的超越,强调真情的价值,以情感超越伦理的限制,深化了人们对情感特征的认识,发展出"发愤"的命题,实现了情感强度对情礼法度的超越,生成了新的情感表现原则。它在一定程度上体现出了超越以和谐为标志的形态。

童心说重视个体价值和情感在文学创作中的价值,对文学本质的认识超过了前代的水平。这种自足性和超越性使得它能够不再依赖前人的法则而拥有了自己的判断标准,它在文学实践领域的具体表现之一就是李贽哲学体系中对于文学发展和新文体地位问题的态度:"诗何必古《选》,文何必先秦?降而为六朝,变而为近体,又变而为传奇,变而为院本,为杂剧,为《西厢曲》,为《水浒传》,为今举子业,皆古今至文,不可得而时势先后论也。"李贽认为文学作品的价值在于它自身,而非因袭所谓经典,能够出色地表达真人的真心真情的文学作品就是"古今至文"。在这一前提下,小说等新文体的价值得到了理论上的肯定。这既适应了当时文学作品的发展状况,也符合文学艺术不断变革发展的历史规律。李贽本人也以点评《水浒传》实践了这一观念,其后又影响到了金圣叹的小说点评和小说理论,由他开始,小说等市民文学体裁渐渐受到批评者的重视。小说在中国古代属于后起的文体,具有近代性、现实性和世俗性的特征,这使得它比之前的任何文体都更加适合表现人的私心与真情。如果说童心说提倡私心和

陶渊明诗意画

情感的价值,那么,小说就是在文学作品中实践私心和情感的表达,二者的内在本质有着共通之处。

由此可见,童心说对于小说历史地位采取的认同和肯定态度并非偶然,而是它的思想内涵及其超越性本质特征的必然结果。童心说对小说合理地位的肯定,具有近代思想解放的性质。而这种带有近代色彩的超越性,正是童心说思想独特价值所在之处。

李贽从"童心"出发,大胆地揭露了伪道学家的虚伪本质,把六经、《论语》《孟子》等圣经贤传当做一切虚假的总根源,大胆地否定了传统的经典教材,李贽认为这些圣经贤传真伪难考,是非不辨,根本不能奉为经典。他说,"夫六经、《语》《孟》,非其史官过为褒崇之词,则其臣子极为赞美之语。又不然,则其迂阔门徒,懵懂弟子,记忆师说,有头无尾,得后遗前,随其所见,笔之于书。后学不察,便谓出自圣贤之口也,决定目之为经矣,孰知其大半非圣人之言乎?"即便是圣人所说的话,也"不过因病发药,随时处方,以救此一等懵懂弟子,迂阔门徒云耳。药医假病,方难定执,是岂可遽以为万世之至论乎?"因而,"六经、《语》《孟》,乃道学之口实,假人之渊薮也,断断乎其不可以语于童心之言明矣。"这种观点在当时可说是十分大胆的,表现了李贽反教条、反传统、反权威的叛逆精神。这对人们摆脱程朱理学的思想束缚,敢

师说、童心说的教育智慧

于发露"童心自出之言",具有思想解放的意义。

李贽的时代,正是八股盛行、依照六经范围设立作文题目、以圣人的理论作为依据、不能表达自己独立见解、文风处于泛滥的时代,李贽却认为,"童心"即"真心",是文章的直接本源。他说:"天下之至文,未有不出于童心焉者也。"换句话说,就是天下最好的文章,都是作者真性实情的流露,性情已真,则其文无所不真。不管什么时代,不拘何种体裁,都显示出作者的精神风貌,都是真实而有价值的。所以他说,"诗何必古选,文何必先秦,降而为六朝,变而为近体,又变而为传奇,变而为院本,为杂剧,为《西厢曲》,为《水浒传》,为今之举子业,皆古今至文,不可得而时势先后论也。"

因此,所读的书是不应该受到限制的。历史是不断发展变化的,且书本知识、读书内容也是日渐其新、日益发展丰富的,所以,只要出于"童心"的作品,不分时代和文体,都应该是读书的内容。甚至认为"东国之秘语,西方之至文,《离骚》、班、马之篇,陶、谢、柳、杜之诗,下至稗官小说,宋元名人之曲","申韩之书"等,"肌臂理分,时出新意",且"摅其胸中之独见",都可"意人益智"。这种要求广读各种书,博采众长,融会贯通的读书为文的主张,是与其主张自由、解放的思想相一致的。只有这样读书,才能够不

谢灵运

谢灵运(385年—433年),陈郡阳夏(今河南太康)人,东晋诗人,中国山水诗的开创者,被称为"山水诗鼻祖"。因从小寄养在钱塘杜家,故乳名为客儿,世称谢客,又因他是谢玄之孙,晋时袭封康乐公,故又称谢康乐。谢灵运是中国历史上伟大的诗人,也是见诸史册的第一位大旅行家,其诗充满道法自然的精神,贯穿着一种清新自然恬静之韵味,一改魏晋以来晦涩的玄言诗之风。李白、杜甫、王维、孟浩然、韦应物、柳宗元诸大家,都曾取法于谢灵运。

中国古代教育智慧

双耳瓶

受一经一说的约束与专断，避免由于学术上的狭隘性而造成的"圣经贤传"的思想垄断而丧失"童心"。

但李贽所肯定的"自然之性"的真挚"童心"，是从主观唯心主义的"心学"出发的，其主要矛头指向的是程朱理学及其"存天理、灭人欲"的教育目的论。这本身也就是陆王心学产生的历史原因及学术旨趣之一。

考量李贽的《童心说》，其"童心"在本质上既近接王阳明学说，又接近佛学。王阳明道："性无不善，故知无不良。良知即未发之中，即廓然大公，寂然不动之本体，人人之所同具也。但不能不昏蔽于物欲，故须学以去其昏蔽，然于良知之本体，不能加损于毫末也。"将此与李贽的"童心"一比较就可以看出，李贽所谓"童心"受到外来的闻见、道理、名誉等种种刺激引诱，以致失去了本来的面目，即王阳明所谓"良知"不能不"昏蔽于物欲"。李贽所谓"古之圣人曷尝不读书哉，然纵不读书，童心固自在也，纵多读书，亦以护此童心而使之勿失焉耳"，也就是王阳明所说的"学以去其昏蔽，然于良知之本体，不能加损于毫末也"。

从学术关系来看，李贽实际上也属于王学左派。他在南京时曾师承泰州学派的学者王襞。王襞是王艮的儿子，从小受家庭环境的影响，王艮在淮南讲学时，王襞长期跟在左右，对于"乐学"之说尤多发挥。从这里可以看出李贽与泰州学派的渊源，李贽也是泰州学派的传人。再者，受佛道影响，原本也是泰州学派的特征之一，这一点，李贽自己也是明确认可的。他在《阳明先生年谱后语》里说："余自幼倔强难化，不信道，不信仙释。故见道人则恶，见僧则恶，见道学先生则尤恶，……不幸年逾四十，为友人李逢阳、徐用检所诱，告我龙溪先生语，示我阳明王先生书，乃知得道真人不死，实与真佛真仙同，虽倔强，不得不信之矣。"看李贽的《与马历山书》就知道，李贽的"童心""真心"也就是这个意思，"人人各具有，是大圆镜智，所谓我之明德是也。是明德也，上与天同，下与地同，中与千贤万圣同。彼无所加，我无所损"。

李贽的《童心说》对当时文坛的反复古主义起过积极的作用。明代文坛前后七子在作文教育上主张"文必秦汉，诗必盛唐"，对前人的文体规步矩随，丝毫没有自成一家的精神气魄。前七子中最负盛名的李梦阳，钱牧斋还批评李贽说："献吉以复古自命，曰：古诗必汉魏，必三谢，今体必初盛唐、必杜，舍是无诗焉。牵率模拟，剽窃于声句字之间，如婴儿之学语，如童子之洛诵，字则字，句则句，篇则篇，毫不能吐其心之所有，古之人固如是乎？天地之运会，人世之景物，新新不停，生生相续，而必曰汉后无文，唐后无诗，此数百年之宇宙日月，尽皆缺陷晦蒙，直待献吉而洪荒再辟乎？"语言可以说是尖酸刻薄。前后七子在

> **前、后七子**
> 明朝中叶的诗文流派。前七子指李梦阳、何景明、徐祯卿、边贡、康海、王九思、王廷相，而以李、何为首，活跃于弘治、正德间。后七子指李攀龙、王世贞、谢榛、宗臣、梁有誉、徐中行、吴国伦，而以李、王为首，活跃于嘉靖、隆庆间。他们对于诗文的见解大体一致，即强调"文必秦汉，诗必盛唐"，主张模拟古人。对于打击"台阁体"雍容典雅、千篇一律的文风有一定积极意义，但把诗文写作引上复古道路，产生了许多毫无生气的假古董诗文。他们也写有少数好作品，如李梦阳的《秋望》诗、李攀龙的《挽王中丞》二绝和宗臣的《报刘一丈书》等。

程朱理学及八股文风的锢禁之下,"不能吐其心之所有,相率为假古董"。李贽针对文坛的颓败之风,提倡以"真"对"伪"的《童心说》。反复古派最有力的袁中郎,就很受李贽的思想影响。

总之,《童心说》以其强烈地反对道学教育及封建名教的束缚,反对权威和僵化,追求个性自由和解放的特征,具有了近代启蒙思想的色彩。它是对封建专制主义压制人的个性和情感、程朱理学摧残人们精神和理智的一种抗争;是对个性的自由解放、自由发展的一种人本主义的呼唤;是躁动于封建名教重压下的人的主体自觉的渴求和觉悟;是与初步资本主义萌芽的社会经济状况相适应的。李贽同时也改变了历来轻视通俗文学的偏见,肯定、传奇、院本、杂剧的价值,这种见解在当时的确具有振聋发聩的作用,无论是对文艺批评,还是对教育理论,都具有深刻的积极意义。

第三部分 《童心说》释读

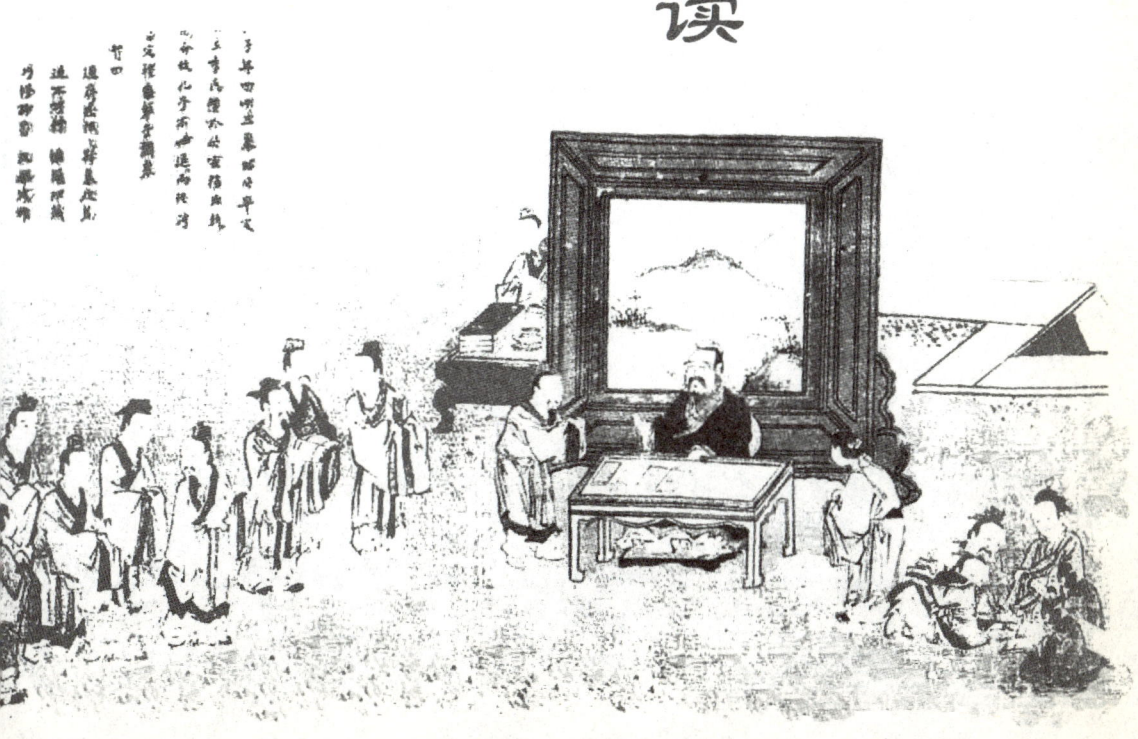

师说、童心说的教育智慧

（一）

【原文】

龙洞山农①叙《西厢》②末语云："知者勿谓我尚有童心可也。"夫童心③者，真心也。若以童心为不可，是以真心为不可也。夫童心者，绝假纯真，最初一念之本心也。若夫失却童心，便失却真心；失却真心，便失却真人。人而非真，全不复有初④矣。

【注释】

①龙洞山农：或认为是李贽别号，或认为是颜钧，字山农。

②《西厢》：指元代王实甫的《西厢记》。

③童心：其本质乃"真"，即真心，真人。

④初：指人淳朴自然的本性，与孟子"性本善"一致。从"最初一念之本心"来看，指人面对对象时的第一反应。第一反应是未经利害、道理等考虑与权衡的，可能是不善的，但至少是不"伪"的，是"真"的。

【译文】

龙洞山农给《西厢记》写序时，在末段说道："聪明智慧的人，可千万别讥讽我'还保留着一颗童心'这就可以了。"所谓童心，指的是真心。如果认为童心是不可以保留的，也就否定了真心。童心是绝对不掺假的纯正的

中国古代教育智慧

> **王实甫的《西厢记》**
>
> 王实甫，名德信，元代著名杂剧作家，大都（今北京市）人。他一生写作了十四部剧本，可惜流传下来的极少。《西厢记》大约写于元贞、大德年间（1295年—1307年），是他的代表作，剧中故事来源于唐代元稹的小说《莺莺传》（又名《会真记》）。《莺莺传》叙述了少女崔莺莺寄居蒲州普救寺，与一位姓张的书生相恋，后来又被张生遗弃的故事。至金代董解元《西厢记诸宫调》（后称《董西厢》），则改变了《莺莺传》的主题思想和莺莺的悲剧结局，把男女主人公塑造成在爱情上坚贞不渝，敢于冲破封建礼教的束缚，并经过不懈地努力，终得美满的结局。至于王实甫的《西厢记》，则又在《董西厢》的基础上加以改写，尤其注意剧中人物性格的描写，把崔莺莺既向往爱情，又怕违反封建礼教的矛盾心态，表现得惟妙惟肖。《西厢记》高超的艺术成就，被贾仲明誉为"天下夺魁"（《录鬼簿》）。元代杂剧多为一本四折，但《西厢记》分五本，每本四折，共二十折，在形式上十分特别。
>
> 《西厢记》是我国古典戏剧的现实主义杰作，对后来以爱情为题材的小说、戏剧创作影响很大。剧中那"愿普天下有情的都成了眷属"的词句，成为千百年来人们对爱情的最美好的祝愿，也成为诸多文学作品的主题。

心；这是人生初始阶段的本性之心。如果丢掉了童心，就失掉了真心；失掉了真心，就失掉了真正的人；做人而不真诚，就会丢掉人所有真诚的本性。

【故事】

坦诚做人，诚做做事

有一次，曾子的妻子到市场上去，她的儿子要跟着一起去，一边走，一边哭。她就对儿子说："你回去，等我回来以后，杀猪给你吃。"妻子从市场回来了，曾子要捉猪来杀，他的妻子拦住他说："那不过是跟小孩子说着玩儿的。"曾子说："决不可以跟小孩子说着玩儿。小孩本来不懂事，要照父母的样子学，听父母的教导。现在你骗他，就是教孩子骗人。做母亲的骗孩子，孩子不相信母亲的话，那是不可能把孩子教好的。"曾子于是把猪给杀了。

中国是文明古国，儒家文化源远流长，诚信也是儒家历来所倡导的。在《论语》等古书中记有"君子义以为质，礼而行之，孙而出

师说、童心说的教育智慧

之，信以成之""言必信，行必果""以信待人，不信思信；不信待人，信思不信""诚者，五常之本，百行之源也"等古人名言，这些都告诉了我们诚信是伦理的根本，重德诚信，以诚取信，以信取利，才是生财的"大道"。古人都早已意识到诚、信、德、廉等是经商为人的"金科玉条"。

曾子杀猪

讲诚信，对一个企业来说，是一种经营理念，是企业文化的一部分，也是一个企业道德的体现。企业就像一个人，经营企业也就像做人，失去了信用，将失去顾客的信任，失去了社会形象，逐步丧失市场份额，最终被市场所抛弃，失去立足之地。相反，诚信为本，重品质，重服务，重信誉，不隐瞒欺诈、不伪劣假冒、不弄虚作假，就是企业的法宝和利剑，拥有了它，就会赢得人心，就会所向披靡。诚信不仅是一种品德，更是一种实力和信心的象征。

香港超人李嘉诚，在创业初期资金极为有限。一次，一位外商希望大量订货，但他提出需要富裕的厂商作保。李嘉诚努力跑了好几天，仍无着落，但他并没有捏造事实或含糊其词，一切据实以告。那位外商深为他的诚信所感动，对他十分信赖，说："从阁下言谈之中

曾子

曾子（前505年—前436年），姓曾，名参，字子舆，春秋末年鲁国南武城（今山东嘉祥县）人。十六岁拜孔子为师，勤奋好学，颇得孔子真传。孔子的孙子孔伋（子思子）师从参公，又传授给孟子。因此，曾参上承孔子之道，下启思孟学派，对孔子的儒学学派思想既有继承，又有发展和建树。明代时被封为"宗圣"。

看出，你是一位诚实君子。不必其他厂商作保了，现在我们就签约吧。"

虽然这是个好机会，但李嘉诚感动之余还是说："先生，蒙你如此信任，我不胜荣幸。但我还是不能和你签约，因为我资金真的有限。"外商听了，更加佩服他的为人，不但与之签约，还预付了货款。这笔生意使李嘉诚赚了一笔可观的钱，为以后的发展奠定了基础。由此，李嘉诚也坚定了"坦诚第一，以诚待人"的做事原则。

后来，李嘉诚在创办长江塑料厂最困难的日子里，遇到竞争对手恶意的拍照，他们把镜头对准了他那破旧的厂房和工人们。当这些照片登报后，李嘉诚拒绝了旁人给他出的重新包装粉饰一番的反宣传策略。他背着产品实实在在地找代理商，很诚恳地告诉他们："你们看，我们在创业阶段的厂房是破了点，我这个厂长也是够憔悴的，且衣冠不整，但是请看看我们的塑料花，还有我们所设计的新品种，我相信质量可以证明一切，欢迎你们到我们的厂来参观。"代理商惊奇地看着这个诚实勇敢的年轻人，以及他生产的优质塑料花，他们为着这样忠厚老实而又优秀的创业者而感到自豪，随后便到长江塑料厂去参观订货。

如果李嘉诚把主要精力放在形象公关上，势必捉襟见肘，反而说不清楚。他坚守诚信做人，认真做事，把主要精力放在工厂的生产上，以质取胜，最后获得市场的承认，取得了

师说、童心说的教育智慧

成功。

在很多不成功的人身上，常常存在着怕说真话的顾虑，他们害怕讲出自己的弱点和不足会遭到别人的取笑和否定，往往极力掩饰自己做的不好的地方，甚至说谎骗人，最终害人害己，给自己人生画上不光彩的一笔。

因此，一个人不管从事何种职业，担任何种职务，要达到自己人生的远大目标，一定要认识到诚信的重要性，要坦诚待人，诚实做事。诚恳老实做生意，是吃小亏占大便宜，偷奸耍滑做生意，是占小便宜吃大亏，切不可因小失大。

李嘉诚

香港首富，著名的塑胶商、房地产巨商，杰出企业家。1928年出生于广东潮州，1940年，随父母到香港定居，二十岁就开始在新蒲岗担任了一家塑胶厂的业务经理、总经理。1950年，在筲箕湾创立了长江塑胶厂，1972年9月，创建了长江实业有限公司，1986年，长实集团名列香港十大财团首富。2008年"5·12"汶川大地震后，李嘉诚以李嘉诚基金会、长江集团和记黄埔集团的名义捐款一亿元人民币，用于为灾区学生设立特别教育基金。

读书的故事（一）

南齐有个叫沈麟士的人，他一生之中抄了许多古书。谁知在他八十多岁时，家里遭遇火灾，所抄之书毁于一旦。可是他毫不灰心，发奋重抄，又抄了两三千卷。这种耐心抄书的心境是后人望尘莫及的。

西晋初年的夏侯湛老实求教、不存糟粕的"焚书"美德，很少为人知道。当时，陈寿与他不约而同地撰写前朝史《魏书》。夏侯湛获悉陈寿的那部比自己所写的"棋高一着"，赶紧找来认真拜读，看后发现果然如此。于是，他将自己撰写的《魏书》丢入火炉之中。这种实事求是的"焚书"精神，比那些自命高明的人高明得多。

（二）

【原文】

童子者，人之初也；童心者，心之初也。夫心之初曷可失也？然童心胡然而遽失也？盖方其始也，有闻见从耳目而入，而以为主于其内，而童心失。其长也，有道理从闻见而入，而以为主于其内而童心失。其久也，道理闻见日以益多，则所知所觉日以益广，于是焉又知美名之可好也，而务欲以扬之，而童心失。知不美之名之可丑也，而务欲以掩之，而童心失①。夫道理闻见，皆自多读书识义理而来也。古之圣人，曷尝不读书哉！然纵不读书，童心固自在也；纵多读书，亦以护此童心而使之勿失焉耳，非若学者反以多读书识理而反障之也。夫学者既以多读书识义理障其童心矣，圣人又何用多著书立言，以障学人为耶②？童心既障，于是发而为言语，则言语不由衷；见而为政事，则政事无根柢；著而为文辞，则文辞不能达；非内含以章美也，非笃实生辉光也，欲求一句有德之言，卒不可得，所以者何？以童心既障，而以从外入者闻见道理为之心也③。

【注释】

①盖方其始也……而务欲掩之，而童心失：失却童心的原因：一、闻见，进入内心，反客为主，遮蔽甚至淹没了童心；二、道理，道理进入内心，代替了童心；三、善恶之心，

师说、童心说的教育智慧

为了掩恶扬善，弄虚作假，失了童心。

②夫道理闻……以障学人为耶：导致童心丢失的闻见、道理、善恶之心又从何而来？来自多读书识义理。古人不读书，童心自在；多读书，护此童心。今人（学者）多读书，障遮童心。

③童心既障……为之心也：童心丧失后的严重后果：一、言不由衷；二、政无根柢；三、文辞不达；四、有德之言不可得。见：通"现"。

【译文】

童子是人的最初阶段；童心是人的最初本性。人心本性怎么可以失掉呢！究竟是什么原因使许多人的童心很快就失去了呢？恐怕正值人的童年时，通过耳目得到了视听的信息，这些信息往往就会取代童心的位置。当人长大后，有很多道理从视听信息的积累中逐步形成，这些道理又会取代童心的位置。这样长期发展下来，随着成年人的各式仁义道德和各种信息量日益增多，所谓见识也就日益增多。于是又增加了追逐美名的欲望，而追逐美名的欲望必然取代童心；同时成人又懂得不好的名声是可卑的，于是便想方设法来掩饰自己的丑行，童心又必然丧失很多；这些道理见识，大都是从多读书、多明白仁义道德而得来的。古代的圣人哪一个不读书呢？即使不读书，童心依然存在；即便多读书，也是为了巩固童心让他千万不要失掉罢了。绝不像后来的学者们，

王阳明格竹图

中国古代教育智慧

刘备三顾茅庐

反而因为多读书、多懂得仁义道德竟然蒙蔽了原本的童心。学者们既然因为多读书、多懂仁义道德而遮蔽了童心，圣人又何必要多多地著书立说流传后世，用来蒙蔽学者们呢？童心被蒙蔽之后，在这样的基础上来与人交谈，语言不会真实；表现在政治管理上，管理就会失掉根本原则；表现在著书立说上，文章词语就不能诚信通达。如果不凭借心灵深处真实的道德修养，如果不依靠人格中光辉灿烂的诚信品行的锤炼锻铸，想要求得一句道德真知，那也是根本办不到的。为什么这样说呢？就因为至信真诚的童心丢掉以后，只剩下虚伪的仁义道德和道听途说的见识来迷惑心灵了。

【故事】

真诚的力量

周文王不顾自己身份，亲自请姜子牙，结果姜子牙帮助其儿子灭了残暴的商朝统治；秦穆公不顾众人反对，坚决支持商鞅变法，结果，秦国变成最强大的国家；萧何不顾大臣身份，夜追仍是草民的韩信，最终和韩信一起帮助刘邦灭了项羽建了汉朝；曹操求贤若渴，没穿鞋子就出来接见许攸，后来许攸献策，使得官渡之战的局势开始扭转；毛主席在井岗山时亲自上山与土匪谈判，以诚说服了土匪参加革命；鲁迅在自己的文章中写过他给一个傲慢的晚辈修鞋子，那个人以后果然对鲁迅尊敬了……古往今来，任何一个成功的人，无不具备真诚的品格。

刘备在历史上则是一个将真诚发挥到极致的人物。当看到徐庶将要离开自己的时候，刘备哭了，徐庶非常感动，后来曹操逼迫徐庶母亲自尽后，他更发誓在曹营不献一计，以此报答刘备；当赵子龙满脸是血地把刘备儿子从长坂坡救出后，刘备的真诚更是表现得酣畅淋漓，先哭着说了一番感动的话，然后摔了儿子，并说道："我怎么能因为你而损了一虎将。"由此赵子龙被感动得热泪满眶，当即表示愿意永远跟随主公，万死不辞；听说诸葛亮是个贤人，他不顾自身的高位，三次前往诸葛亮的住所拜访，结果诸葛亮被感动了，为蜀国鞠躬尽瘁。

曹操赤脚见许攸

周恩来修身养性，也最推崇"诚"字。学生时代，即以诚实慎独自勉自励，发于言，著于行，力争"无丝毫假借，无智利相扰"，以诚待人，以诚感人，塑造完美的道德人格。他有句名言："世界上最聪明的人是最老实的人，因为只有老实人才能经得起事实和历史的考验。"周恩来自己信奉以诚待人的原则，不虚与委蛇，不文过饰非，许许多多与他交往过的人都为他的真诚所感动，为他的品格所吸引。有次美国的基辛格博士找到澳大利亚的一位著名新闻记者，特意询问他对周恩来的看

周恩来与基辛格

法，这位记者脱口而出："他是这样一个人，他怎么想就怎么说，怎么说就怎么做。"并且自信地认为这是对周恩来品格的准确概括。日中经济协会常任顾问冈崎嘉太平自称从小就在寻找像孔子、释迦牟尼和耶稣那样伟大的人，但一直未能如愿，直到结识周恩来，他便确认周恩来正是他所要寻找的人。周恩来真诚致力于中日友好和亚洲和平的精神令他对周恩来无以复加地崇敬。美国总统尼克松对周恩来以诚待人的品格也十分钦佩和赞赏。周恩来在1972年会见尼克松时，提到出席会议的双方人员平均年龄的巨大悬殊，说："我们的领导层中，年纪大的人太多了。就这一点来说，我们应该向你们学习。"

现代生活里，寻求亲情、友情、爱情成为我们最强烈、最平常的愿望，而这种愿望的实现，有赖于人们之间是否真诚相待。一位哲人就曾说过："世界上最美好的心灵气质是品德的真诚。"

真诚能让人感到人生的美好、世界的温馨，同时也能折射出人心灵的高贵。下面是一个发生在很久以前的故事。

在一个暴风雨的晚上，有一对老夫妇走进一家旅馆的大厅向柜台订房。"很抱歉"，柜台里的人回答说:"我们的饭店已经被参加会议的团体包下了,往常碰到这种情况,我们都会把客人介绍到另一家饭店,可是这次很不凑巧,据我所知另一家饭店也满了。"他停了一会儿接着说:"在这样的晚上,我实在不敢想象你们离开这里却又投宿无门的处境,如果你们不嫌弃,可以在我的房里住一晚,虽然不是什么豪华套房,却十分干净。我今晚就待在这里完成手边的订房工作,反正晚班督察员今晚是不会来了。"这对老夫妇因为造成柜台服务员的不便,十分不好意思,但是他们谦和有礼地接受了服务员的好意。第二天早上,当老先生下楼来付住宿费时,这位服务员依然当班,但他婉拒道:"我的房间是免费提供给你们的,我全天待在这里,又赚取了许多额外的钟点费,那个房间的费用本来就包含在内了。"老先生说:"你这样的员工,是每个旅馆老板梦寐以求的,也许有一天我会为你盖一座饭店。"年轻的柜台服务员听了笑一笑,他明白老夫妇的好心,但他只当它是个笑话。

又过了许多日子,那个柜台服务员依然在同样的地方上班。有一天,他收到老先生的来信,信中清晰地叙述了他对那个暴风雨夜的记忆,老先生邀请柜台服务员到纽约去拜访他,并附上了一张机票。

几天后,服务员来到了曼哈顿,在坐落于第五大道和三十四街之间的豪华建筑物前见到了老先生。老先生指着眼前的大楼道:"这就

读书的故事(二)

南宋赵明诚有一天对他父亲讲,昨晚他做了个读书梦,其他均忘,仅存"言与司合,安上已脱,芝芙草拨"三句。赵父听后为他解梦道:"言与司合"便是"词";"安上已脱"就是"女";"芝芙草拨"应为"之夫"。我儿不久将做"词女之夫"了。结果,赵明诚果然与美丽聪颖的吏部员外郎的女儿李清照结成秦晋之好。

中国古代教育智慧

赵明诚

赵明诚（1081年—1129年），字德甫（又作德父），密州诸城（今山东诸城龙都街道）人，著名金石学家、文物收藏家。宋徽宗崇宁年间宰相赵挺之的第三个儿子。二十一岁尚在太学读书时，与李清照结婚。

是我专门为你建盖的饭店，我以前曾经提到过，记得吗？""您在开玩笑吧？"服务员不敢相信自己的眼睛。老先生告诉他说："我叫威廉·渥道夫·爱斯特，这其中没有什么阴谋，因为我认为你是经营这家饭店的最佳人选。"

这家饭店就是著名的渥道夫·爱斯特莉亚饭店的前身，而这个年轻人就是乔治·伯特，他成为这家饭店的第一任经理。

这个真实的故事告诉我们，真诚之所以令人感动，创造奇迹，是因为它是从心灵深处洋溢出来的，表达了人的真挚情感。人生的幸福感不仅仅是活得好，更多的还是感受着人们之间真诚的理解、帮助与关爱。

一个人的真诚，可以使其具有人格魅力；一个组织的真诚，可以使其内部凝聚实力，塑造良好的外部形象。真诚的力量是无穷的，只要你愿意表达你的真诚，你的生活就会变得非常美好。

师说、童心说的教育智慧

（三）

【原文】

夫既以闻见道理为心矣，则所言者皆闻见道理之言，非童心自出之言也。言虽工，于我何与？岂非以假人言假言，而事假事，文假文乎！盖其人既假，则无所不假矣。由是而以假言与假人言，则假人喜；以假事与假人道，则假人喜；以假文与假人谈，则假人喜；无所不假则无所不喜，满场是假，矮人何辩也①。然则虽有天下之至文，其湮灭于假人而不尽见于后世者，又岂少哉！何也？天下之至文，未有不出于童心焉者也。苟童心常存，则道理不行，闻见不立，无时不文，无人不文，无一样创制体格文字而非文者。诗何必古选②，文何必先秦，降而为六朝，变而为近体③，又变而为传奇④，变而为院本⑤，为杂剧，为《西厢曲》，为《水浒传》，为今之举子业⑥，大贤言圣人之道，皆古今至文，不可得而时势先后论也。故吾因是有感于童心者之自文也，更说什么六经⑦，更说什么《语》《孟》乎！

【注释】

①夫既以闻见……矮人何辩也：承第二段，说"言不由衷""文辞不达""有德之言不可得"而尽是做假人、说假话、办假事、写假文，人人皆假，尽在假中做假，自得其乐。矮人何辩，这里以演戏为喻，矮人根本

李清照

李清照（1084年—约1155年），号易安居士，南宋杰出女词人，山东济南人，婉约词宗，与济南历城人辛弃疾并称"济南二安"。其父李格非，北宋齐州历城县人，齐鲁著名学者、散文家。母王氏，知书善文。李清照早年生活优裕，工书能文，通晓音律。婚后与赵明诚共同致力于书画金石的整理，编写了《金石录》。

中国古代教育智慧

> **读书的故事（三）**
>
> 《资治通鉴》的作者司马光"惜书"如命，每次就读前，他总要反复擦洗桌面，吹走灰尘，铺上薄毯，毕恭毕敬地把书平铺于上认真阅读。每看完一页，先用大拇指轻轻衬起书沿，再用食指慢慢捻夹而过，几十年如一日，凡他读过之书，毫无褶皱痕迹。但他儿子却与老子相反，因此他常对儿子摇头叹息说："每见汝集多以指爪撮起，甚非吾意，今浮图老氏，犹知尊敬其书，岂以吾儒反不如乎？"儿子听后，不禁羞愧不已。

看不到，就无法分辨了。

②《选》：指萧统编的《文选》，又称《昭明文选》。

③近体：指近体诗，包括律诗和绝句。

④传奇：指唐人的传奇小说。

⑤院本：金代行院演出的戏剧脚本。

⑥举子业：指科举考试的文章，也就是八股文。

⑦六经：指儒家的经典《诗》《书》《礼》《乐》《易》《春秋》。

【译文】

既然只剩下虚伪的仁义道德和道听途说的见识来迷惑心灵，那么所谈论的必定都是道听途说的事情和理论，而不是发自童心的真诚话语。语言虽然说得精彩，对我们又有什么益处呢？这难道不是借假人来说假话、做假事、写假文章吗？恐怕人要是假的，那一切就都成假的了。由此可知，在社会中往往是用假话与假人交谈，假人就会高兴；把假事告诉假人，假人也会高兴；写假文章与假人交流，假人必定也是高兴的。没有什么不是假的，又有什么必要来辩白真伪呢？于是天下的至理名言淹没在假人社会中而不能传给后世学者，这种情况难道还少见吗？这是什么原因呢？天下最好的文章，没有不发自童子般的真心。如果真心常存，那虚假的道德原理就不会通行，虚假的见识就不会成立。其实，没有哪个时代不能写文章，没有什么人不会写文章，没有任何创新的文字组合不可称作文章。那么，写诗歌何必效法于《昭明文选》收录的古诗；做文章又何必效仿先秦的散文？六朝以来，文学体裁先后演变出近体律诗，又演变出唐传奇，演变出宋金院本，演变出元代四折杂剧，以及二十折的杂剧《西厢记》和长篇小说《水浒传》；到现在又演变出科举应试的文章。当代贤明之人与古代圣人的理论都可以是古往今来的最好文章，不能够以时代的远近和地位的高下来论优劣。因此，我从这里推论出：大凡发自真心的都是好文章，为什么只懂得一味地推崇"六经"和《论语》《孟子》呢？

《西厢记》插图

【故事】

突破定式思维

1492年，哥伦布发现了新大陆。从海上回来后，他成了西班牙人民心目中的英雄，国王和王后也把他当作上宾，封他做海军上将。可是有些贵族瞧不起他，他们鼻子一哼，说："哼，这有什么稀罕？只要坐船出海，谁都会到那块陆地的。'

在一次宴会上，哥伦布又听见有人在讥笑他了，"上帝创造世界的时候，不是就创造了海西边的那块陆地了吗？发现，哼，又算得了什么！"哥伦布听了，沉默了好一会儿。忽然他从

中国古代教育智慧

哥伦布

克里斯托弗·哥伦布（约1451年—1506年），生于意大利热那亚，卒于西班牙巴利亚多利德。一生从事航海活动，先后移居葡萄牙和西班牙。相信"大地球说"，认为从欧洲西航可达东方的印度和中国。在西班牙国王支持下，先后四次出海远航（1492年—1493年，1493年—1496年，1498年—1500年，1502年—1504年）发现了美洲大陆，他也因此成为名垂青史的航海家。

盘子里拿了一个鸡蛋站了起来，提出一个古怪的问题："女士们，先生们，谁能把这个鸡蛋竖起来？"

鸡蛋从这个人手上传到那个人手上，大家都把鸡蛋扶直了，可是一放手，鸡蛋立刻倒了。最后，鸡蛋回到哥伦布手上，满屋子鸦雀无声，大家都要看他怎样把鸡蛋竖起来。

哥伦布不慌不忙，把鸡蛋的一头在桌上轻轻一敲，敲破了一点儿壳，鸡蛋就稳稳地直立在桌子上了。

"这有什么稀罕？"宾客们又讥笑起哥伦布来了。

"本来就没有什么可稀罕的，"哥伦布说，"可是你们为什么做不到呢？"

宾客们一个个强词夺理："鸡蛋都破了，那算什么呢？"

哥伦布却继续保持不以为然的态度："我在刚开始定条件时，曾有说过不允许把鸡蛋敲破吗？"

宾客们一时哑口无言。

这个故事告诉我们，人们做不出突破往往是受定式思维的左右。美国学者所罗门·阿希通过调查得出这样一个结论：人类有许多不幸，其中有33%在于错误地遵从别人。因此，唯有不"跟风"，不人云亦云，不盲目从众，自己的创新思维能力才能得到充分的释放和发挥。

物理学家福尔顿，由于研究工作的需要，测量出了固体氦的热传导度，但他测出的结果，比过去理论上计算出的数字高出五百倍。福尔顿大吃一惊："这差距也太大了？"该不该把这一结果公之于世呢？福尔顿想，如果将它公之于世，有可能引起科学界的轰动，但也可能会被人认为是标新立异、哗众取宠，以致招来一大堆怀疑、非议和指责。想来想去，福尔顿迟疑了——算了吧，何必自己去招惹那么多麻烦呢？于是，他把他的这一研究成果放在了一边。可没过多久，一位年轻的美国科学家，在实验时也测出了热传导度，而且和福尔顿测出的结果一模一样，丝毫不差。一阵惊喜过后，这位年轻的科学家，采取和福尔顿截然相反的态度，很快将它公之于世，并马上引起了科学界的广泛关注和赞誉。更为可贵的是，这位科学家并没有就此止步，而是继续推陈出新，创造出一种全新的测量热传导度的方法。听说此事后，福尔顿痛心疾首，追悔莫及。他慨叹道："如果我当时除去'习惯'的帽子，而戴上'创新'的帽子，那个年轻人决不可能抢走我的荣誉。"

对于福尔顿来说，这显然是一个悲剧。悲剧的发生，在于福尔顿因为意志力不坚强而掉入了从众心理的陷阱。而那位美国年轻科学家的成功，则恰恰是因为摆脱了从众心理的束缚。由此可见，防止盲目从众是多么重要。

独立思考，坚持己见，说起来容易做起来难。除了要防止盲目从众之外，还要不唯书、不唯上、不迷信权威、不盲目信奉既有的知识和经验。

> **哥伦布航行**
>
> 　　哥伦布开辟了横渡大西洋到美洲的航路，先后到达巴哈马群岛、古巴、海地、多米尼加、特立尼达等岛，在帕里亚湾南岸首次登上美洲大陆。考察了中美洲洪都拉斯到达连湾两千多千米的海岸线；认识了巴拿马地峡；发现和利用了大西洋低纬度吹东风，较高纬度吹西风的风向变化；证明了"大地球形说"的正确性，促进了旧大陆与新大陆的联系。他误认为到达的新大陆是印度，并称当地人为印第安人。

中国古代教育智慧

江上帆影

（四）

【原文】

夫六经、《语》《孟》，非其史官过为褒崇之词，则其臣子极为赞美之语，又不然则其迂腐门徒、懵懂弟子，记忆师说，有头无尾，得后遗前，随其所见，笔之于书①。后学不察，便谓出自圣人之口也，决定目之为经矣，孰知其大半非圣人之言乎！纵出自圣人，要亦有为而发，不过因病发药，随时处方，以救此一等懵懂弟子、迂腐门徒云耳。药医假病，方难定执，是岂可遽以为万世之论乎！然则六经、《语》《孟》，乃道学②之口实，假人之渊薮也，断断乎其不可以语于童心之言明矣。呜呼！吾又安得真正大圣人之童心未曾失者，而与之一言文哉！

【注释】

①六经、《语》《孟》的实质：一、大半非圣人之言。二、即使圣人之言，亦在特定语境下，针对特定的人和事而"因病发药，随时处方"，不具备一般真理的属性。

②道学：指道学家。

【译文】

在六经和《论语》《孟子》中，不是充满了历代史官给予的过高的评价，就是百官的溢美之词，再不然就是迂腐的儒生和糊涂的学子们，凭着记忆来胡乱传授老师的学说。他们

师说、童心说的教育智慧

记住了开头便忘掉了结尾，回忆起后头的内容却又遗漏掉前面的内容；又凭着他们肤浅的理解，随意写入了典籍之中。后代的学者不经过深入地考察，便认为这些典籍全都出自圣人之口，于是草率地将其确定为儒家经典，又怎会知道其中大半都不是圣人的教诲呢？即使真的出自圣人的教诲，其要旨也是进行针对性的批评，其目的不过是对症下药，因人而异地开处方，用此来挽救那些糊涂的学子和迂腐的儒生罢了。医治的是假病人，处方又真假难辨，这难道可以被认为是突然间产生的放之四海、涵盖万代而皆准的真理吗？其实六经和《论语》《孟子》，不过是道学家们的幌子、巧伪人的源泉啊！绝不可以把它看成是发自童心的真理。哎呀！我又怎样才能够同真正的圣人、童心未泯的人，一起来讨论文学创作呢！

王国维

王国维（1877年—1927年），字伯隅、静安，号观堂、永观，浙江海宁人。近代中国著名学者，杰出的古文字、古器物、古史地学家，诗人，哲学家，国学大师。与郭沫若（字鼎堂）、董作宾（字彦堂）、罗振玉（号雪堂）并称为"甲骨四堂"（"堂堂堂堂，郭董罗王"）。

治学三境界

王国维在《人间词话》中说："古今之成大事业、大学问者，必经过三种之境界。'昨夜西风凋碧树。独上高楼，望尽天涯路。'此第一境也。'衣带渐宽终不悔，为伊消得人憔悴。'此第二境也。'众里寻他千百度，蓦然回首，那人却在，灯火阑珊处。'此第三境也。"

【故事】

不盲从，走出一条自己的路

小学语文课本里有篇《皇帝的新衣》，这

是通过童话世界的一个极其可笑的故事,影射了人类对于权威的盲从和媾和。人人都害怕因为与权威的差异而被视为异己和愚者,只有不知"天高地厚"的小孩子说出了事情的真相。这一切现象的根源是人们被名誉和利益桎梏。同时,这个故事也告诉我们,如果人人都盲从,就会掩盖事情的真相。

盲从的第一个表现就是,别人怎么说自己就怎么说,别人怎么做自己就怎么做,不去思考别人这么说或这么做的理由。

下面发生在动物群体中的故事,对我们人类也很有意义,它告诉我们这样一条真理:世界上再没有一种行为比盲从更可悲和更可怕。

有一群羊在湖边喝水,水很清,也很深。羊群很挤,相互摩擦着身体。一只老羊在喝水时,不慎掉进了河中,一下子就被河水冲远了。本来其他的羊应该马上退避,逃之夭夭,可是,悲剧发生了,它们都认为老羊是在引导它们,于是纷纷跃入河中,被湍急的河水淹没。

一支狩猎队将一群羚羊赶到悬崖边,准备将它们活捉,这时羊群乱了起来,年老的羚羊冲出群体,朝对面的山崖冲去,结果掉入悬崖摔得粉身碎骨。狩猎队员们以为羚羊群会被吓住,然而,它们却都下意识地学着老羚羊的样子,冲向对面的山崖,几分钟后,悬崖底下堆满了羚羊的尸体。

动物的盲从带来的惨剧可以说是触目惊心。

下面这个故事讽刺了生活中的某些人可能有过这样的心理或做过类似盲从的可笑事情。

一位石油大亨到天堂参加会议，一进会议室，发现座无虚席，自己没有地方入座，于是他灵机一动，喊了一声："地狱里发现石油了！"听到他这么一喊，天堂里的大亨们纷纷向地狱跑去，很快地，天堂里就只剩下这位后来才来的石油大亨。过了几天，石油大亨心想，大家都到地狱去了，难道地狱里真的发现石油了吗？于是，他也急忙跟着其他人的脚步，跑到地狱里去了。

盲从的另一个表现是自己不去思考，一味地听从别人的意见行事。

鲁迅先生在教育青年的时候讲了这样一个故事：一个老头和一个孩子用驴驮着货物去卖，卖完回来，孩子骑在驴上，老头跟着走。路人见了，就责备孩子不懂事，怎么可以让老人步行呢？于是孩子和老头换了一下。走着走着，又有人看见了，说这个老头竟然忍心让小孩子走路。老头听了赶忙把小孩子抱上来，一起骑着驴走。走了一会儿，看见的人说他们对驴很残酷，老头和孩子只好都下来。走了不久，又有人笑他们很傻，空着现成的驴却不骑。老头对孩子叹息说，我们只剩下一个办法了，就是两个人抬着驴走。

盲从别人的意见，不能自己思索，自己做主，结果会是很荒唐的。鲁迅先生说，"倘只看书，便变成书橱，即使自己觉得有趣，而那

> **读书的故事（四）**
>
> 南朝梁元帝嗜书如命，甚至在"一目失明"之后仍然叫侍从轮流读书给他听。可是他不像唐太宗那样"以史书为镜子"，相反借读书来"嫉贤害能，矜持自负"。当时有个才学超过他的刘之遴，被他用药酒毒死。这种"口诵尧舜"而"自行桀纣"的"玩书"皇帝，必将导致身亡国灭的可悲下场。公元554年，西魏兵临江陵，梁元帝无力抵抗，只得焚藏书十四万卷，临死前他面对苍天说道："我一生读书万卷，尚有今日兵败国亡，读书何用？不如统统烧掉。"

中国古代教育智慧

盲从真累人

趣味其实是已在逐渐硬化，逐渐死去了。"他强调要做一个思索者和观察者，观察者能"用自己的眼睛去读世间这一部活书"，但如果没有练习过观察力，所得还是有限的，"所以要观察，还是先要经过思索和读书"。

盲从还表现在受权威或命令的影响而忘记了自己去思考分析这个环节。

有一个发生在禅师和侍者之间的故事：某日，禅师吩咐他的侍者上京买一批上等的纸材。这位侍者向来被称许具有"子贡之资才"，可见是个相当聪敏伶俐之人。当然，侍者也不敢掉以轻心，终于在千挑万选之后风尘仆仆地带了一批纸回来。不料，禅师看过纸以后却说："这个不行！"毫不留情地拒绝了。因此侍者只好再度上京去买另种纸。"这个也不行！"禅师看了第二次买回来的纸，很冷淡地说道。结果，侍者只得硬着头皮再度上京。从寺庙到京城有一段距离，数度往返的确是件苦差事。仅是买个纸，就要弟子再三饱受旅途劳顿之苦，又不知道师父要的是什么样的纸……当侍者第三次将纸买回来以后，禅师依然还是冷冷地说："不行！"弟子心想："真是一点也不体谅弟子的劳苦啊！"但弟子随后一想，才猛然发觉自己的过失，赶紧向师父道歉。"明白了吧？嗯，其实最初买回来的纸就行了。"禅师说。

有时候埋头做一件事情，就会机械地听命

于别人对自己所做的结论的评价，不去争辩为什么对这个结果不满意，不停下来想一想怎么做才是对的，从而陷入无休止的重复工作中。这不仅是对别人意见的盲从，也是对自己思维的盲从。所以要改变这种状况，就要及时地停下来去思考，真正地去思考一件事情，才能摆脱盲从。

吹箫图

中国古代教育智慧

附录一：古代科举制度名词

【察举】汉代选拔官吏制度的一种形式。察举有考察、推举的意思，又叫荐举，由侯国、州郡的地方长官在辖区内随时考察、选取人才，推荐给上级或中央，经过试用考核，再任命官职。察举的主要科目有孝廉、贤良文学、茂才等。《张衡传》："永元中，举孝廉不行。"《陈情表》："前太守臣逵，察臣孝廉；后刺史臣荣，举臣秀才。"（汉代避刘秀讳，称秀才为茂才）

【征辟】也是汉代选拔官吏制度的一种形式。征，是皇帝征聘社会知名人士到朝廷充任要职；辟，是中央官署的高级官僚或地方政府的官吏任用属吏，再向朝廷推荐。《张衡传》："连辟公府，不就。""安帝雅闻衡善术学，公车特征拜郎中。"

【孝廉】汉代察举制的科目之一。孝廉是孝顺父母、办事廉正的意思。实际上察举多为世族大家垄断，互相吹捧，弄虚作假，当时有童谣讽刺："举秀才，不知书；举孝廉，父别居。"

【科举】指历代封建王朝通过考试选拔官吏的一种制度，由于采用分科取士的办法，

八子观灯图

·154·

所以叫科举,从隋代至明清,科举制实行了一千三百多年。《诗话二则·推敲》:"岛(指贾岛)初赴举京师",意思是说贾岛当初前去长安参加科举考试。到明朝,科举考试形成了完备的制度,共分四级:院试(即童生试)、乡试、会试和殿试,考试内容基本是儒家经义,以"四书"文句为题,规定文章格式为八股文,解释必须以朱熹《四书集注》为准。

橙黄橘绿图

【童生试】也叫"童试",明代由提学官主持、清代由各省学政主持的地方科举考试,包括县试、府试和院试三个阶段,院试合格后取得生员(秀才)资格,方能进入府、州、县学学习,所以又叫入学考试,应试者不分年龄大小都称童生。《左忠毅公逸事》:"及试,吏呼名至史公",这里就是指童生试。在这次考试中左光斗录取史可法为生员,当时史可法二十岁。《促织》:"邑有成名者,操童子业","操童子业"是说正在准备参加童生试。

【乡试】明清两代每三年在各省省城(包括京城)举行的一次考试,因在秋八月举行,故又称秋闱(闱,考场)。主考官由皇帝委派,考后发布正、副榜,正榜所取的叫举人,第一名叫解(jiè)元。

中国古代教育智慧

春山图

【会试】明清两代每三年在京城举行的一次考试，因在春季举行，故又称春闱。考试由礼部主持，皇帝任命正、副总裁，各省的举人及国子监监生皆可应考，录取三百名为贡士，第一名叫会元。

【殿试】是科举制最高级别的考试，皇帝在殿廷上，对会试录取的贡士亲自策问，以定甲第。实际上皇帝有时委派大臣主管殿试，并不亲自策问。录取分为三甲：一甲三名，赐"进士及第"的称号，第一名称状元（鼎元），第二名称榜眼，第三名称探花；二甲若干名，赐"进士出身"的称号；三甲若干名，赐"同进士出身"的称号。二、三甲第一名皆称传胪，一、二、三甲统称进士。

【及第】指科举考试应试中选，应试未中的叫落第、下第。《祭妹文》："逾三年，予披宫锦还家。"古时考中进士要披宫袍，这里"披宫锦"即指中进士。《祭妹文》："大概说长安登科，函使报信迟早云尔。""登科"是及第的别称，也就是考中进士。

【进士】是科举考试的最高功名。《儒林外史》第十七回："读书毕竟中进士是个了局。"贡士参加殿试录为三甲都叫进士。据统计，在我国一千三百多年的科举制度史上，考中进士的总数至少是98 749人。古代许多著名作

师说、童心说的教育智慧

家都是进士出身，如唐代的贺知章、王勃、宋之问、王昌龄、王维、岑参、韩愈、刘禹锡、白居易、柳宗元、杜牧等，宋代的范仲淹、欧阳修、司马光、王安石、苏轼等。考中进士，一甲即授官职，其余二甲参加翰林院考试，学习三年再授官职。

【状元】科举制度殿试第一名，又称殿元、鼎元，为科名中最高荣誉。历史上获状元称号的有一千多人，但真正参加殿试被录取的大约七百五十名。唐代著名诗人贺知章、王维，宋代文天祥都是经殿试而获赐状元称号的。

【会元】举人参加会试，第一名称会元，其余考中的称贡士。

【解元】生员（秀才）参加乡试，第一名称解元，其余考中的称举人。

【鼎甲】指殿试一甲三名：状元、榜眼、探花，如一鼎之三足，故称鼎甲。状元居鼎甲之首，因而别称鼎元。

【贡士】参加会试而被录取的称贡士。

【举人】参加乡试而被录取的称举人。举人可授知县官职。《儒林外史》第三回写范进中举后，张乡绅立即送贺仪银和房屋，范进的

春山读书图

丹崖玉树图

丈人胡屠户也立时变了嘴脸吹捧女婿"是天上的星宿",而范进得了消息,高兴得发了疯,这说明古代中举后便可升官发财。

【生员】即秀才,通过院试(童试)的可称为生员或秀才,如王安石《伤仲永》"传一乡秀才观之"。东汉时避光武帝刘秀讳,而称秀才为茂才,《阿Q正传》中称赵少爷"茂才公",表示讽刺。

【八股文】明清科举考试制度所规定的一种文体,也叫时文、制义、制艺、时艺、四书文、八比文。这种文体有一套固定的格式,规定由破题、承题、起讲、入手、起股、中股、后股、束股八部分组成,每一部分的句数、句型也都有严格的限定。"破题"规定两句,说破题目意义;"承题"三句或四句,承接"破题"加以说明;"起讲"概括全文,是议论的开始;"入手"引入文章主体;从"起股"到"束股"是八股文的主要部分,尤以"中股"为重心。在正式议论的这四个段落中,每段都有两股相互排比对偶的文字,共为八股,八股文由此得名。八股文的题目,出自四书、五经,八股文的内容,不许超出四书、五经的范围,要模拟圣贤的口气,传达圣贤的思想,考生不得自由发挥。

【金榜】古代科举制度殿试后录取进士,揭晓名次的布告,因用黄纸书写,故而称黄

师说、童心说的教育智慧

甲、金榜。多由皇帝点定，俗称皇榜。考中进士就称金榜题名。

【同年】科举时代同榜录取的人互称同年。《训俭示康》："同年曰：'君赐不可违也。'"

【校】夏代学校的名称，举行祭祀礼仪和教习射御、传授书数的场所。

【庠（xiáng）】殷商时代学校的名称。《孟子·齐桓晋文之事》："谨庠序之教，申之以孝悌之义。"

【序】周代学校的名称。《孟子·滕文公》："设为庠序学校以教之。"古人常以庠序称地方学校，或泛指学校或教育事业。

【国学】先秦学校分为两大类：国学和乡学。国学为天子或诸侯所设，包括太学和小学两种。太学、小学教学内容都是"六艺"（礼、乐、射、御、书、数）为主，小学尤以书、数为主。

【乡学】与国学相对而言，泛指地方所设的学校。

【稷下学宫】战国时期齐国的高等学府，

洞天山堂图

因设于都城临淄稷下而得名。当时的儒、法、墨、道、阴阳等各学派都汇集于此，他们兴学论战、评论时政和传授生徒，孟子和荀子等大师都曾来此讲学，是战国时期"百家争鸣"的重要园地。

【太学】中国封建时代的教育行政机构和最高学府。魏晋至明清或设太学，或设国子学（监），或两者同时设立，名称不一，制度也有变化，但都是教授王公贵族子弟的最高学府，就学的生员皆称太学生、国子生。《张衡传》："因入京师，观太学。"《送东阳马生序》："东阳马生君则在太学已二年。"

【国子监】汉魏设太学，西晋改称国子学，隋又称国子监，从此国子监与太学互称，都是最高学府兼有教育行政机构的职能。如明代设"国子监"，而《送东阳马生序》中则称之为"太学"。

【书院】唐宋至明清出现的一种独立的教育机构，是私人或官府所设的聚徒讲授、研究学问的场所，宋代著名的四大书院是：江西庐山的白鹿洞书院、湖南善化的岳麓书院、湖南衡阳的石鼓书院和河南商丘的应天府书院。明代无锡有"东林书院"，曾培养了杨涟、左光斗这样一批不畏阉党权势、正直刚硬廉洁的进步人士，他们被称为"东林党"。

洞天渔隐图

师说、童心说的教育智慧

【学官】古代主管学务的官员和官学教师的统称。如祭酒、博士、助教、提学、学政、教授和教习、教谕等。

【祭酒】古代主管国子监或太学的教育行政长官。战国时荀子曾三任稷下学宫的祭酒，相当于现在的大学校长。唐代的韩愈、明代的崔铣（《记王忠肃公翱事》的作者）都曾任过国子监祭酒。

【博士】古为官名，现为学位名称。秦汉时是掌管书籍文典、通晓史事的官职，后成为学术上专通一经或精通一艺、教授生徒的官职。《三国志·吕蒙传》："孤岂欲卿治经为博士邪！"《送东阳马生序》："有司业、博士为之师。"

洞天问道图

【司业】学官名。为国子监或太学副长官，相当于现在的副校长，协助祭酒主管教务训导之职。

【学政】学官名。"提督学政"的简称，是由朝廷委派到各省主持院试，并督察各地学官的官员。学政一般由翰林院或进士出身的京官担任。《促织》："又嘱学使俾入邑庠。"学使即学政的别称。《左忠毅公逸事》："乡先辈左忠毅公视学京畿。"指左光斗任京城地

关山春雪图

区的学政。

【教授】原指传授知识、讲课授业,后成为学官名。汉唐以后各级学校均设教授,主管学校课试具体事务。

【助教】学官名。是国子监或太学的学官,协助国子祭酒和国子博士教授生徒,又称国子助教。

【监生】国子监的学生。或由学政考取,或地方保送,或皇帝特许,后来成为虚名,捐钱就能取得监生资格。《祝福》中的四叔就是"一个讲理学的老监生",《儒林外史》中的严监生则是一个吝啬鬼的典型。

【诸生】明清时期经考试录取而进入府、州、县各级学校学习的生员。生员有增生、附生、廪生、例生等,统称诸生。《送东阳马生序》"今诸生学于太学",则是指在国子监学习的各类监生。

附录二：名言集萃

（一）真诚方面的名言

君子养心莫善于诚。

——《荀子·修身》

真者，精诚之至也，不精不诚，不能动人。

——《庄子·渔父》

两心不可以得一人，一心可得百人。

——《淮南子·缪称训》

多虚不如少实。

——（宋）陈敷

见其诚心而金石为之开。

——《韩诗外传》

人之为善，百善而不足。

——（宋）杨万里

锄一恶，长十善。

——《宋史·毕士安传》

诚无不动者，修身则身正，治事则事理。

——（宋）杨时

至诚则金石为开。

——《西京杂记》

世间好看事尽有，好听话极多，惟求一真字难得。

——（清）申居郧

世上的言语，本无所谓"奇警"与"平凡"。一句话所以成为奇警或成为平凡，视其与

林下鸣琴图

关山密雪图

真实的内容相符与否而定。

——徐懋庸

有了真诚,才会有虚心,有了虚心,才肯丢开自己去了解别人,也才能放下虚伪的自尊心去了解自己。建筑在了解自己了解别人上面的爱,才不是盲目的爱。

——傅雷

我们在夜里固皆知道有昼,在船上固皆知道有陆,但只是"知道"而已,不是"实感"。

——丰子恺

真诚才是人生最高的美德。

——(英)乔叟

良心是我们每个人心壮举的岗哨,它在那里值勤站岗,监视着我们别做出违法的事情来。它是安插在自我的中心堡垒中的暗探。

——(英)毛姆

只有理性才能教导我们认识善恶,使我们喜善恨恶。良心尽管不依存于理性,但没有理性,良心就不能得到发展。

——(法)卢梭

要让新结识的人喜欢你,愿意多了解你,诚恳老实是最可靠的办法,是你能够使出的"最大的力量"。

——(美)艾琳·卡瑟拉

推心置腹的谈话就是心灵的展示。

——(苏)温·卡维林

实话可能令人伤心,但胜过诺言。

——(苏)瓦·阿扎耶夫

师说、童心说的教育智慧

质朴却比巧妙的言词更能打动我的心。
——（英）莎士比亚
老老实实最能打动人心。
——（英）莎士比亚
我要求别人诚实，我自己就得诚实。
——（俄）陀思妥耶夫斯基
真实与朴实是天才的宝贵品质。
——（苏）斯坦尼斯拉夫斯基
真诚是一种心灵的开放。
——（法）拉罗什福科
真诚是通向荣誉之路。
——（法）左拉
金钱比起纯洁的良心来，又算什么呢？
——（英）哈代
诚实的人从不为自己的诚实而感到后悔。
——（英）托·富勒
诚实的人必须对自己守信，他的最后靠山就是真诚。
——（美）爱默生
一个人要表现最高的真诚，就必须做到无事不可对人言。
——（印度）泰戈尔
你不同情跌倒的人的痛苦，在你遇难时也将没有朋友帮忙。
——（波斯）萨迪
诚实而无知，是软弱的，无用的；然而有知识而不诚实，却是危险的，可怕的。
——（英）约翰逊

花溪渔隐图

中国古代教育智慧

华灯伺宴图

你在个人生活或工作当中,可能由于诚实而丢掉某些你想要的东西。但是,在漫长的人生旅途中失掉一次应有的回报算不了什么。

——(美)艾琳·卡瑟拉

人与人之间,只有真诚相待,才是真正的朋友。谁要是算计朋友,等于自己欺骗自己。

——(尼日利亚)哈吉·阿布巴卡·伊芒

对于心地善良地人来说,付出代价必须得到报酬这种想法本身就是一种侮辱。美德不是装饰品,而是美好心灵的表现形式。

——(法)纪德

我愿证明,凡是行为善良与高尚的人,定能因之而担当患难。

——(德)贝多芬

具有才能的人总是善良的,坦白的,爽直的,决不矜持。

——(法)巴尔扎克

善良的行为有一种好处,就是使人的灵魂变得高尚了,并且使它可以做出更美好的行为。

——(法)卢梭

在一切道德品质之中,善良的本性在世界上是最需要的。

——(英)罗素

越是善良的人,越察觉不出别人的居心不良。

——(法)米列

当一人言行不一致时,这就完全糟了,这会导向伪善。

——(俄)列宁

师说、童心说的教育智慧

当一个人不仅对别人、甚至对自己都不会有一丝欺骗的时候,他的这种特性就是真挚。

——(俄)柯罗连科

诗人之所以成为诗人,就在于努力使自己的灵魂摆脱一切与虚伪世界相像的东西……他是纯洁的,他是天真的。

——(德)席勒

真正的蒙昧主义并不去阻止传播真实的、明白的和有用的事物,而是使假的东西到处流行。

——(德)歌德

人与人之间最大的信任就是关于进言的信任。

——(英)培根

一颗好心抵得过黄金。

——(英)莎士比亚

出来吧,我的心,带着你的爱去与它相会。

——(印度)泰戈尔

虚伪永远不能凭借它生长在权力中而变成真实。

——(印度)泰戈尔

诚恳,不欺骗人;思想要纯洁公正;说话也要如此。

——(美)富兰克林

昧着良心做事是不安全、不明智的。

——(德)马丁·路德

没有单纯、善良和真实,就没有伟大。

——(俄)列夫·托尔斯泰

柳荫放牧图

中国古代教育智慧

本性流露永远胜过豪言壮语。

——（英）莱辛

太阳既不会夸大，也不会缩小，有什么就照出什么，是什么样子就照什么样子。

——（苏）高尔基

真实之中有伟大，伟大之中有真实。

——（法）雨果

（二）韩愈传世名句

书山有路勤为径，学海无崖苦作舟。（韩愈治学名联）

云横秦岭家何在？雪拥蓝关马不前。（《左迁至蓝关示侄孙湘》）

昵昵儿女语，恩怨相尔汝。（《听颖师弹琴》）

古之君子，其责己也重以周，其待人也轻以约。（《原毁》）

大凡物不得其平则鸣。（《送孟东野序》）

天街小雨润如酥，草色遥看近却无。最是一年春好处，绝胜烟柳满皇都。（《早春呈水部张十八员外》）

师者，所以传道授业解惑者也。（《师说》）

业精于勤，荒于嬉；行成于思，毁于随。（《进学解》）

人非生而知之，孰能无惑？惑而不从师，其为惑也，终不解矣。（《师说》）

无贵无贱，无长无少，道之所存，师之所存也。（《师说》）

秋舸清啸图

师说、童心说的教育智慧

怠者不能修,而忌者畏人修。(《原毁》)

圣人无常师。(《师说》)

闻道有先后,术业有专攻。(《师说》)

蚍蜉撼大树,可笑不自量。(《调张籍》)

不塞不流,不止不行。(《原道》)

(三)教书育人方面的名言

师也者,教之以事而喻诸德也。

——《礼记》

先生不应该专教书,他的责任是教人做人;学生不应该专读书,他的责任是学习人生之道。

——陶行知

在教师手里操着幼年人的命运,便操着民族和人类的命运。

——陶行知

因为道德是做人的根本。根本一坏,纵然使你有一些学问和本领,也无甚用处。

——陶行知

教师的职务是"教万教,教人求真";学生的职务是"千学万学,学做真人"。

——陶行知

智仁勇三者是中国重要的精神遗产,过去它被认为"天下之达德",今天依然不失为个人完满发展之重要指标。

——陶行知

教育工作中的百分之一的废品,就会使国家遭受严重的损失。

——(苏联)马卡连柯

芦花寒雁图

中国古代教育智慧

溪隐图

我确实相信：在我们的教育中，往往只是为着实用和实际的目的，过分强调单纯智育的态度，已经直接导致对伦理教育的损害。

——（美）爱因斯坦

学校的目标始终应当是：青年人在离开学校时，是作为一个和谐的人，而不是作为一个专家。

——（美）爱因斯坦

学校的目标应当是培养有独立行动和独立思考的个人，不过他们要把为社会服务看作是自己人生的最高目标。

——（美）爱因斯坦

（四）为人师表方面的名言

其身正，不令而行；其身不正，虽令不从。

——孔子

身教重于言传。

——王夫之

要想学生好学，必须先生好学。唯有学而不厌的先生才能教出学而不厌的学生。

——陶行知

要学生做的事，教职员躬亲共做；要学生学的知识，教职员躬亲共学；要学生守的规则，教职员躬亲共守。

——陶行知

动人以言者，其感不深；动人以行者，其应必速。

——李贽

使学生对教师尊敬的唯一源泉在于教师的德和才。

——(美)爱因斯坦

教师的人格就是教育工作者的一切,只有健康的心灵才有健康的行为。

——(俄)乌申斯基

教师个人的范例,对于青年人的心灵,是任何东西都不可能代替的最有用的阳光。

——(俄)乌申斯基

做老师的只要有一次向学生撒谎撒漏了底,就可能使他的全部教育成果从此为之毁灭。

——(法)卢梭

要把学生造就成一种什么人,自己就应当是什么人。

——(俄)车尔尼雪夫斯基

双喜图